유튜브부터 자율 주행까지, 인공 지능의 모든 것

우리 주변의 인공 지능

유튜브부터 자율 주행까지, 인공 지능의 모든 것

우리 주변의 인공 지능

손종희 글 | 이주미 그림 | 이주민 감수

현암
주니어

들어가는 글

"인공 지능을 왜 알아야 해요?"라고 묻는 친구들이 많아. '인공 지능'이라 하면 대부분 복잡한 수식과 어려운 프로그램을 떠올리기 때문이지. 물론 인공 지능 기술 자체를 완전히 이해하려면 공학적 지식이 필요한 건 맞지만, 그저 '어려워 보인다'는 이유만으로 제쳐 두기엔 인공 지능이 미처 보여 주지 못한 매력이 너무 많아.

이 책은 인공 지능이 어려운 기술이라는 오해를 걷어 냈으면 하는 작은 마음에서 출발했어. 책을 읽은 친구들이 평소 멀게만 생각했던 인공 지능과 보다 가까워졌으면 하는 바람이었지.

이 책은 세 장으로 구성되어 있어. 첫 번째 장에선 우리 주변에서 쉽게 만날 수 있는 인공 지능을 소개하고 있어. 아침에 눈을 뜨는 순간부터, 신나게 놀고, 공부하고, 생활하는 일상 속의 인공 지능을 알아볼 거야. 두 번째 장에선 예술, 쇼핑, 미디어, 의료, 환경 등 여러 산업으로 뻗어 나간 인공 지능을 살펴볼 거야. 인공 지능이 산업 현장에서 어떤 활약을 펼치고 있는지, 앞으로 인공 지능이 사회를 어떻게 바꿔 나갈지 소개하고 있어. 마지막 장에선 인공 지능이 발전하면서 생겨난 여러 사회 현상들을 알아보고, 다양성, 투명성, 안전성 등 우리가 알아야 할 윤리 문제를 짚어 볼 거야. 지금 당장 정답을 찾기 힘든 문제도 많지만, 세계 각국에선

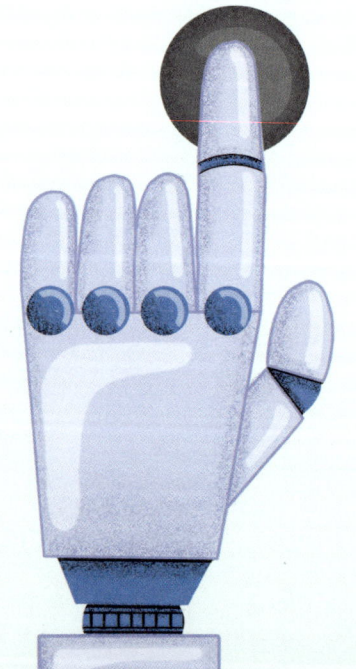

더 나은 인공 지능을 만들기 위해 이미 치열한 논쟁을 벌이고 있어. 책에서 만나는 다양한 의견을 통해 여러분 스스로 생각을 정립해 가는 시간을 가지면 좋겠어.

자, 이제 두 손을 펼쳐 봐. 그리고 한 손으로는 인공 지능 지식을, 다른 한 손으로는 인공 지능과 함께할 즐거운 미래를 쥐고서 신나게 저글링하는 거야. 그렇게 놀다 보면, 어느새 인공 지능과 가까워진 자신을 발견하게 될지도 몰라.

차례

들어가는 글   4

PART 1
인공 지능은 어디에 있나요?

1. 인공 지능과 함께하는 아침   14
2. 내 손 안의 인공 지능   20
3. 인공 지능으로 쾌적해지는 우리 집   26
4. 인공 지능과 신나게 놀아 볼까?   30
5. 건강을 챙겨 주는 인공 지능   36

PART 2
인공 지능으로 꿈꿔 보아요

1. 인공 지능도 예술을 아나요?   44
2. 인공 지능이 영화를 만든다고요?   48
3. 입는 로봇이 있다고요?   54
4. 인공 지능도 마음이 있나요?   58
5. 인공 지능 의사가 있다고요?   62

6 인공 지능이 기후 위기를 막을 수 있을까요? 66
7 사람이 없는 매장이 있다고요? 70
8 미래에는 교통사고가 없을까요? 76
9 인공 지능도 농사를 지을 수 있어요? 82

PART 3
생각해 볼 문제

1 나쁜 인공 지능을 만드는 건 사람이래요 90
2 인공 지능이 내 비밀을 알고 있다고요? 93
3 누구의 생명이 더 소중할까요? 97
4 내 일자리가 없어지면 어떡해요? 101
5 생각의 편식은 위험해요 105

나가는 글 108
참고한 자료 110

PART 1

인공 지능은 어디에 있나요?

인공 지능이 뭘까?

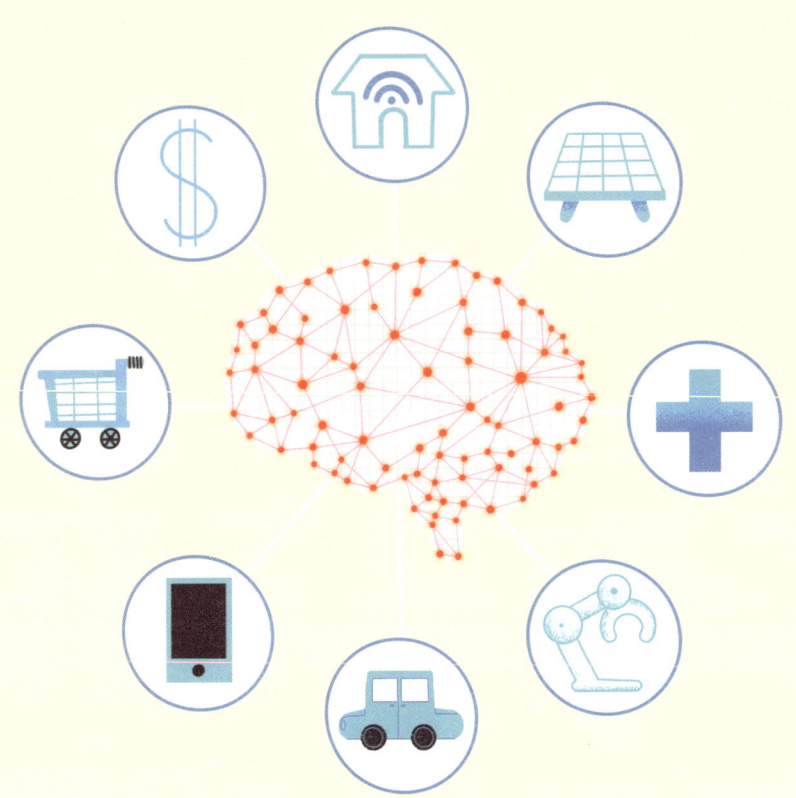

인공 지능이 뭘까? 사람은 태어날 때부터 스스로 생각할 수 있는 자연 지능을 타고났지만, 기계는 그렇지 않아. 기계가 사람처럼 물체를 구분하고, 언어를 이해하고, 스스로 움직일 수 있으려면 정교한 알고리즘, 즉 문제 해결 능력이 필요해. 이 알고리즘을 개발해서 기계에 심어 주는 분야를 인공 지능이라 말하는 거야.

그렇다면 인공 지능은 어디에 있을까? 놀랍게도 인공 지능은 우리 주변 곳곳에 숨어 있어! 이제부터 우리 주변의 인공 지능을 찾아보고, 인공 지능이 어떤 활약을 펼치고 있는지 함께 알아보자!

인공 지능과 함께하는 아침

#음악 추천 #오늘의 날씨 #스마트 홈 #동작 인식

스마트 침대

좋은 아침이야! 간밤에 인공 지능 침대가 센서를 통해 내 자세에 맞게 매트리스를 부드럽게 조절해 준 덕분에 깨지 않고 잠들 수 있었어. 발이 시렸지만, 매트리스가 따뜻하게 발을 데워 줘서 다행이었지. 나도 모르게 코를 골다가 잠에서 깨 본 적 있지? 그럴 땐 코골이 소리를 인식하는 스마트 베개를 추천해. 코를 덜 골도록 베개에 공기를 살짝 불어 넣어서 머리 위치를 조정해 주거든.

인공 지능 스피커

졸린 눈을 비비며 인공 지능 스피커에게 "오늘 날씨는 어때?"라고 묻자, "오늘 날씨는 맑습니다. 예상 기온은 최고 25도, 최저 21도입니다."라는 대답이 들려와. 인공 지능 스피커는 우리가 하는 말을 알아듣고 대답할 수 있어. 인공 지능에게 덧셈, 뺄셈 같은 계산은 껌일걸?

스마트 홈

인공 지능만 있으면 집 전체가 마법을 부린 것처럼 바뀌어. "아침 모드로 바꿔 줘."라고 말하니 창문의 블라인드가 스르륵 올라가고, "수면 모드로 바꿔 줘."라고 하면 전등이 꺼지며 현관의 CCTV가 집 안을 감시하기 시작해. 스마트 블라인드, 스마트 CCTV, 스마트 전구처럼 인터넷에 연결되어 똑똑해질 수 있는 사물이 모여 '사물 인터넷'을 만들어. 인공 지능은 집 안의 여러 사물을 조종해서 내 생활이 편리해지도록 도와줘.

음악 스트리밍 서비스

기분 좋은 아침을 위해 음악 앱을 켜자 내가 좋아하는 노래가 흘러나와. 음악 앱에 숨은 '인공 지능 추천 알고리즘'이 내 취향에 딱 맞는 곡을 선곡해 준 거야. 인공 지능은 음악을 들을 때마다 저장되는 데이터를 분석해서 내가 좋아할 만한 음악을 추천해 줘. 자주 듣는 음악에 '좋아요' 표시를 해 두면 나에게 꼭 맞는 음악을 찾아 줄 거야.

스마트 워치

"잠에서 깬 것 같네요. 수면 모드를 끌까요?" 몸을 일으켜 기지개를 켰더니 스마트 워치가 말을 걸어 와. 스마트 워치 속 인공 지능이 내 상태를 파악하고 있나 봐. 인공 지능은 하루 동안 내 위치, 내가 움직이는 거리, 속도 등을 파악해서 운동량을 알려 줄 뿐만 아니라 얼마나 많은 열량을 소모했는지 계산해 주기도 해.

내 손 안의 인공 지능

#생체 인식 #사진 편집 #공부

생체 인식

휴대폰을 얼굴에 갖다 댔더니 잠금 화면이 열려. 휴대폰 속 생체 인식 센서가 내 얼굴을 알아봤나 봐! 휴대폰에 얼굴이나 손가락을 갖다 대면 생체 인식 센서가 신체의 특징을 추출해. 그리고 이전에 학습해 둔 정보와 내 정보가 일치하는지 판단해서 잠겨 있던 화면을 열어 주는 거야. 마스크나 안경을 써도 문제없이 인식할 수 있어!

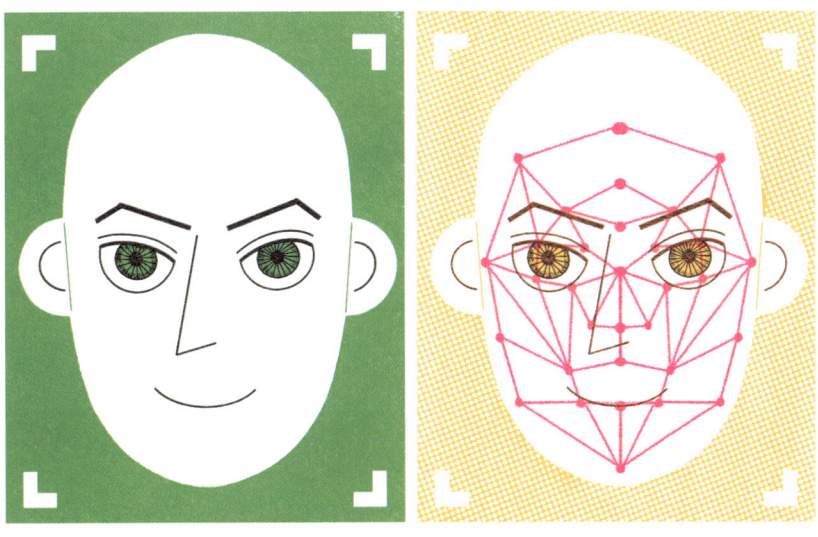

카메라 앱

휴대폰으로 모처럼 마음에 드는 사진을 찍었는데, 시커먼 쓰레기도 같이 찍혔다면? 걱정하지 마. 쓰레기를 손가락으로 슥슥 문지르면 인공 지능이 쓰레기만 감쪽같이 없애 주거든. 음식 사진을 찍을 때나 어두운 곳에서 사진을 찍을 때도 문제없어! 인공 지능이 음식은 더 맛깔나게, 어두운 배경은 더 밝게 보정해 줄 테니까. 바다나 산처럼 멋진 풍경을 찍을 땐 촬영 구도를 추천해 주기도 해.

인공 지능 공부 앱

수학 문제가 잘 안 풀릴 땐 인공 지능에게 물어봐. 수학 문제 풀이 앱 '콴다'를 켜서 문제를 카메라로 비추면, 인공 지능이 풀이법을 알려 주고, 비슷한 유형의 문제도 찾아 줄 거야. '파파고'나 '구글 번역기' 같은 인공 지능 번역 앱을 이용하면 외국어를 바로 우리말로 번역해 줘. 내가 발음한 문장이 문법적으로 정확한지, 원어민의 발음과 내 발음이 얼마나 비슷한지 알려 주는 앱도 있으니 함께 사용해 봐.

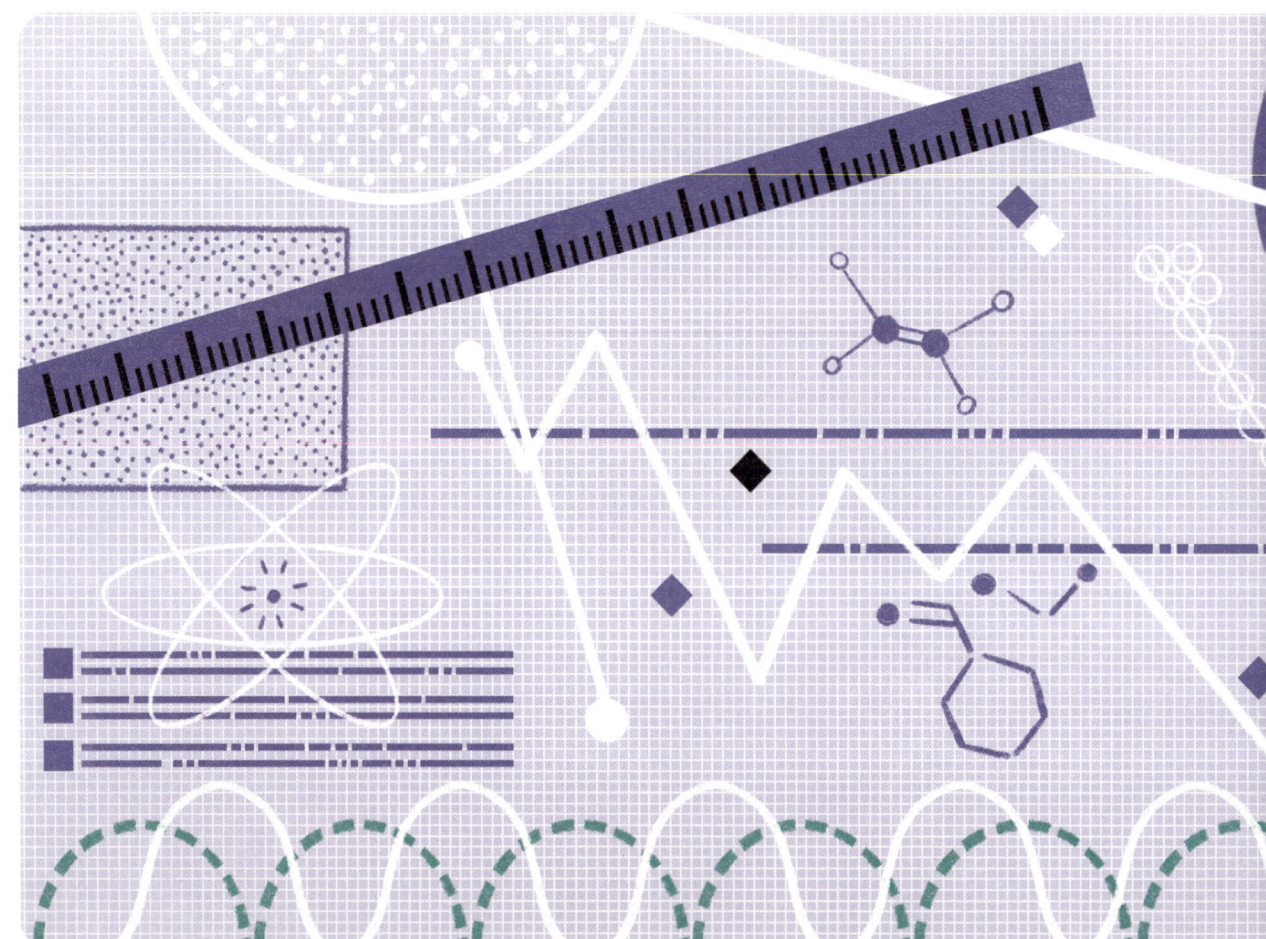

스마트 펜슬과 노트 앱

글씨가 못생겨서 고민이라면 스마트 펜슬을 써 보는 건 어때? 펜슬 속 다양한 센서가 움직임을 감지해서 삐뚤빼뚤한 손글씨도 또박또박 바른 글씨로 바꿔 주거든. 음성을 글로 변환해 주는 노트 앱도 있어. 이런 노트 앱 하나면 수업 시간에 선생님이 하시는 말씀을 놓치지 않고 필기할 수 있겠지? 게다가 키보드로 입력한 글은 물론, 손글씨, 스케치 등 원하는 방식으로 기록해도 검색이 가능하다고 해.

인공 지능으로 쾌적해지는 우리 집

#집안일 #청소 #요리

냉장고

인공 지능 앱을 이용하면 냉장고 문을 열지 않아도 안에 무엇이 있고, 음식의 소비 기한이 얼마나 남았는지 알 수 있어. 게다가 인공 지능은 남은 식재료로 해 먹을 수 있는 요리를 추천해 주기도 해. 요리를 하느라 두 손 모두 바쁘다면, "다음 순서 알려 줘."라고 말해 봐. 인공 지능 냉장고가 요리법을 차근차근 알려 줄 거야.

에어컨

깜빡하고 에어컨을 켜 두고 나왔다고? 괜찮아. 우리에겐 인공 지능이 있잖아! 에어컨 속 인공 지능은 방 안에 있는 사람 수를 파악해서 바람 세기를 조절해 주거나, 사람이 없을 땐 절전 모드로 작동하도록 도와줘. 사람의 행동을 감지해서 운동할 때는 시원한 바람을 불어 주고, 잠을 잘 때엔 습도와 온도를 조절해서 잠들기 좋은 환경을 만들어 주기도 해.

로봇 청소기

전원 버튼을 누르자 로봇 청소기가 장애물들을 피해 스스로 청소를 시작해. 맨 처음 로봇 청소기를 작동하면 로봇이 집 안을 한 바퀴 돌면서 지도를 그려. 이때 시각 인공 지능이 방이 몇 개인지, 가구가 어디에 있는지, 바닥의 높이가 일정한지 등을 파악해서 청소 방법을 분석하지. 덕분에 로봇 청소기는 장애물에 부딪히지 않고 구석구석 집 안을 청소할 수 있는 거야.

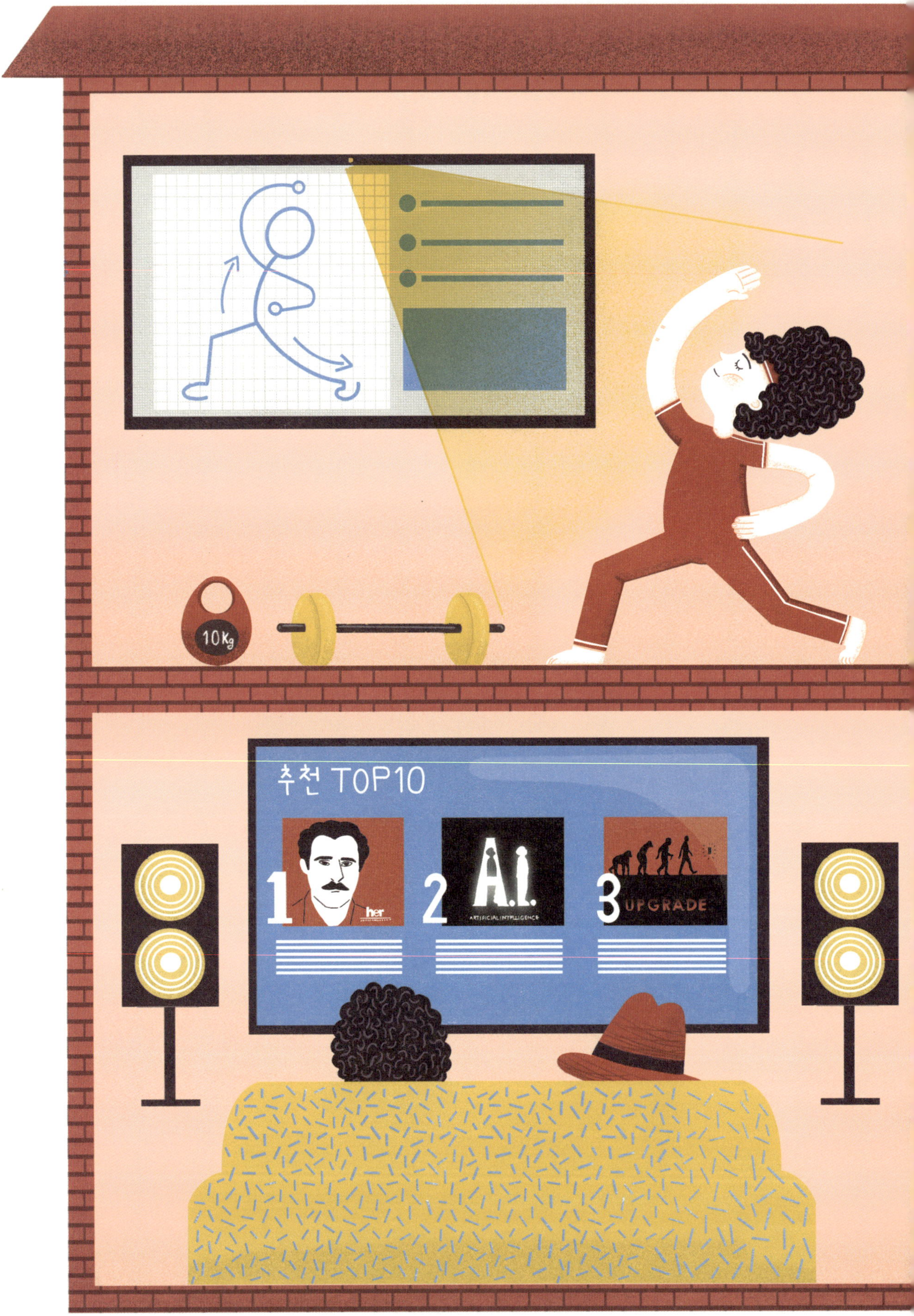
10Kg
추천 TOP10
1
her
2
A.I.
ARTIFICIAL INTELLIGENCE
3
UPGRADE

인공 지능과 신나게 놀아 볼까?

#게임 #챗봇 #영상 추천

텔레비전

이제 채널을 바꾸려고 리모컨을 찾지 않아도 돼. 말만 하면 인공 지능이 채널을 알아서 바꿔 주거든. 게다가 인공 지능은 텔레비전에서 흘러나오는 영상에 맞춰 스피커 소리를 조절해 주기도 해. 영화를 볼 때 더 실감 나게, 노래를 들을 땐 콘서트장에 간 것 같은 기분도 느낄 수 있을걸? 주변이 시끄러울 땐 인공 지능이 주인공의 목소리만 더 키워서 중요한 대사를 놓치지 않게 도와주고, 화질이 좋지 않다면 영상을 더 또렷하고 선명하게 만들어 줄 거야.

영상 스트리밍 서비스

보고 싶은 영상이 너무 많아서 고민이라고? '유튜브', '넷플릭스', '디즈니 플러스' 같은 영상 스트리밍 서비스는 사용자의 고민을 덜도록 영상 콘텐츠를 추천해 주는 서비스를 제공하고 있어. 인공 지능이 내가 봤던 영상 목록과 좋아할 만한 콘텐츠를 분석해서 영상을 추천해 주는 거야.

게임

증강 현실   닌텐도에서 출시한 '포켓몬 게임' 알지? 포켓몬 게임은 실재로 존재하는 사물이나 환경에 가상의 콘텐츠를 겹쳐서 보여 주는 '증강 현실(AR, Augmented Reality)' 기술을 활용한 대표적인 게임이야. 게임이 처음 출시될 때만 해도 캐릭터가 화면 속에서 둥둥 떠 있기만 했는데, 이제 곧 화분 같은 실제 장애물 뒤로 숨기도 하고, 지나가는 사람과 부딪히지 않게 피하는 기능도 생길 거라고 해.

동작 인식 게임   동작 인식 게임기를 차고 리듬에 맞춰 춤을 춰 봐! 손에 게임기를 들고 다리에 밴드를 차면, 센서들이 재빠르게 움직임을 읽어 내기 시작해. 그러면 인공 지능이 내 동작을 인식하지. 이제 신나게 춤을 추면 화면 속의 캐릭터도 따라 춤을 출 거야. 어때, 인공 지능과 함께라면 건강과 재미, 둘 다 놓치지 않을 수 있겠지?

온라인 게임   게임 속에 살고 있는 캐릭터와 대결해 본 적 있니? 인공 지능으로 똑똑해진 'NPC(Non Player Character)'는 사용자의 게임 실력을 분석한 뒤, 게임이 지루해지지 않도록 대결 난이도를 조정하기도 해. 또 욕설을 내뱉거나 불법 광고를 하는 사람을 찾아내서 차단해 주는 인공 지능도 있어.

챗봇 앱

심심할 땐 인공 지능 챗봇에게 말을 걸어 봐! '챗봇'은 대화한다는 뜻을 가진 영어 단어 '챗(Chat)'과 로봇의 '봇(Bot)'이 합쳐진 단어야. 인공 지능 챗봇에게 질문을 하면 챗봇은 금세 그럴듯한 대답을 들려줄 거야. 챗봇과 자주 대화할수록 챗봇에는 네 데이터가 많이 쌓일 테고, 그럼 질문의 의도 역시 더 잘 파악할 수 있겠지? 앞으로 챗봇 기술이 더욱 발전하면, 챗봇은 궁금한 게 생기거나 말동무가 필요할 때 언제든 대화를 나눌 수 있는 좋은 친구가 될 거야.

건강을 챙겨 주는 인공 지능

#운동 #반려동물 #건강 관리

홈 트레이닝

인공 지능 코치와 운동을 시작해 볼까? 홈 트레이닝 앱을 켜고 운동을 하면, 인공 지능이 관절의 움직임을 실시간으로 분석해서 내 동작이 정확한지 알려 줘. 모바일 앱 스토어에서 '인공 지능 홈 트레이닝'을 검색하면 다양한 앱을 확인할 수 있으니, 혼자 운동하기 지루할 때 다운받아서 사용해 봐!

만성 질환 관리 앱

인공 지능은 만성 질환 환자의 건강 관리를 도와주기도 해. 몸에 착용할 수 있는 웨어러블 기기를 두르면, 센서가 포도당 수치, 혈압과 체중 등을 재서 현재 몸 상태를 알려 줄 거야. 소변을 분석해서 영양 상태를 알려 주는 앱도 있어. 색이 변하는 키트로 소변을 검사하면, 인공 지능이 색을 분석해서 내가 어떤 영양소가 부족한지 미리 알려 줘. 인공 지능 앱을 이용하면 병원에 가지 않아도 지금 부족한 영양소를 보충할 수 있을 뿐만 아니라 염분이 낮은 건강 식단을 추천받을 수도 있어.

반려동물 케어 앱

반려동물의 건강을 관리하는 앱도 하나둘 개발되고 있어. 고양이가 내는 소리 데이터를 분석해서 우리말로 번역해 주는 앱, 사진을 분석해서 반려동물의 건강을 진단해 주는 앱 등이 그 예야. 반려동물을 홀로 두고 외출해야 할 때는 펫 CCTV를 설치해 봐. 동물의 소리와 몸짓 등을 분석해서 반려동물이 분리 불안 장애나 우울증을 앓고 있진 않은지 진단해 줄 테니까.

함께 알아 두면 좋은 키워드

센서

센서란 빛, 소리, 온도, 압력 등 외부 환경의 자극을 받아들이고 데이터로 바꾸는 장치를 말해. 센서는 인공 지능과 떼려야 뗄 수 없는 관계야. 눈이 시각 정보를 받아들이면 뇌가 정보를 종합해서 물체를 인식하잖아? 이처럼 센서가 외부 정보를 감지하면 인공 지능은 그 정보를 받아서 분석해. 사람이 눈, 코, 입 등의 감각 기관으로 환경을 느끼고 인지하듯, 기계는 센서를 통해 세상을 파악하는 거야.

센서는 우리 일상 곳곳에서 찾을 수 있어. 냉장고에는 온도를 일정하게 유지하는 온도 센서가 있고, 건물 현관에는 사람의 움직임을 감지해 불을 켜는 동작 감지 센서가 있어. 주변의 밝기를 인지해서 휴대폰 화면의 밝기를 자동으로 조절해 주는 조도 센서, 심장 박동 수를 재는 심박 센서, 위치를 측정하는 위치 센서 등 조금만 둘러봐도 금방 찾아볼 수 있을 거야.

빅 데이터

우리는 매일 수많은 앱을 사용하고, 다른 사람이 올린 게시물에 계속해서 '좋아요'를 눌러. 거리를 나서면 CCTV 카메라가 우리의 동선을 기록하고 있지. 내 모든 활동이 데이터로 남는 거야. 지금 이 순간에도 전 세계 사람들의 데이터가 모이고 있다고 생각해 봐. 그 양만 해도 엄청나겠지?

이렇게 어마어마한 데이터를 '빅 데이터'라 불러. 빅 데이터는 '크다'란 뜻을 가진

'빅(Big)'과 '데이터(Data)'가 합쳐진 말이야. 인공 지능은 이렇게 모인 데이터를 학습해서 물체를 인식하고 앞으로의 일을 예측해. 유튜브 추천 알고리즘도 빅 데이터 없이는 불가능한 일일걸? 유튜브에 한 달에 한 번 이상 접속하는 사람은 약 23억 명이 넘는다고 해. 이렇게 엄청난 양의 데이터를 실시간으로 학습하고 있으니, 인공 지능이 우리 취향을 모를 리 없겠지?

클라우드

클라우드는 빅 데이터를 저장하고 연산할 수 있는 저장소를 말해. '클라우드(Cloud)'는 영어로 '구름'을 뜻하는데, 마치 하늘을 떠다니는 구름처럼, 언제 어디서든 데이터를 내려받을 수 있다는 의미로 지어진 이름이야.

그거 알아? 우리 주변의 인공 지능은 대부분 클라우드와 연결되어 있어. 인공 지능이 어려운 문제를 바로바로 해결하는 것도 클라우드와 연결되어 있어서야. 무슨 말이냐고? 우리도 어려운 질문을 받으면 선생님에게 물어보잖아. 마찬가지로 인공 지능도 혼자서 처리할 수 없는 어려운 문제를 맞닥뜨리면 자신과 연결된 클라우드의 인공 지능에게서 답을 찾는 거야.

이런 클라우드 데이터와 알고리즘은 실제로는 '서버 팜'이라 불리는 데이터 센터에 저장되어 있어. '팜(Farm)'은 영어로 농장이라는 뜻이야. 드넓은 땅에 고성능 컴퓨터로 가득 찬 건물이 여러 채 줄 지어 서 있는 모습을 상상해 봐. 마치 농장 같지 않니? 구글, 아마존, 네이버 같은 회사에서는 이런 서버 팜을 전 세계 곳곳에 설치해 두고, 다양한 클라우드 서비스를 제공하고 있어.

새로운 전기, 인공 지능

인공 지능 연구자 앤드류 응은 인공 지능을 '새로운 전기'에 비유했어. 전기는 공장을 움직이게 하고, 음식을 따뜻하게 데워 주고, 거리를 환하게 밝혀 주잖아. 전기가 우리 삶을 바꾸었듯, 인공 지능도 경제, 문화와 사회 전반을 새롭게 전환시킬 거라는 거야.

산업으로 뻗어 나간 인공 지능은 어떤 활약을 펼치고 있을까? 예술, 미디어, 의료, 교통, 쇼핑 등 여러 산업에서 일하고 있는 인공 지능을 살펴보고, 앞으로 인공 지능이 그려 나갈 미래를 상상해 보자.

인공 지능도 예술을 아나요?

#예술 #창의성 #작품

인공 지능이 그림을 그린다고?

때는 2018년 10월, 신인 작가의 초상화가 뉴욕의 한 경매장에 모습을 드러냈어. 초상화가 등장하자 사람들은 앞다퉈 가격을 부르기 시작했지. 약 7분 뒤, 경매장 직원은 "마지막으로 제시된 가격은 약 5억 원입니다. 더 높은 금액을 부르는 분이 없으니 낙찰하겠습니다."라고 발표했어. 그림의 가격은 놀랍게도 전문가의 예상을 약 40배나 훌쩍 뛰어넘는 금액이었지. 과연 이 그림을 그린 작가는 누구였을까?

초상화를 그린 건 다름 아닌 인공 지능이었어. 인공 지능이 그림을 그리다니! 사람들은 충격에 휩싸였어.

작품의 이름은 〈에드몽드 벨라미〉. '벨라미의 초상화'라는 뜻이야. 그림의 아랫부분을 보면 복잡한 수학 공식이 적혀 있어. 보통 작가의 서명이 쓰이는 자리인데, 인공 지능이 그린 그림이라 수식을 대신 적어 두었대.

이 그림을 그리려고 인공 지능은 무려 1만 5천 점이 넘는 초상화를 학습했어. 다빈치, 렘브란트 등 14세기에서 20세기를 대표하는 다양한

〈에드몽드 벨라미〉

화가들이 그린 초상화를 모조리 학습한 거야. 그런 뒤 이목구비와 명암 같은 초상화의 특징을 파악해서 가상의 인물 벨라미의 얼굴을 그려 냈다고 해.

 인공 지능의 그림 솜씨를 살펴볼까? 뭐랄까, 표현이 세밀한 것 같지는 않아. 얼굴과 배경이 분명하게 구분되지 않고, 그림 속 인물이 웃고 있는지 찌푸린 건지 표정을 읽기도 힘드니 말이야. 그래도 미술계에선 인간의 고유한 영역이라 믿었던 예술에까지 인공 지능이 영역을 넓혔다는 점에서 어마어마한 가치가 있는 작품이라 평가했어.

인공 지능이 그린 그림도 가치가 있을까?

이후 인공 지능이 그린 그림에도 예술적 가치가 존재하냐는 논란이 이어졌어. 그림이 형편없다거나, 데이터를 학습시키면 누구나 비슷한 그림을 그릴 것이라는 의견이었지. 반대로 인공 지능의 그림을 좋아하는 사람들도 있었어. 인공 지능에게 어떤 데이터를 학습시키느냐에 따라 매번 생각지 못한 그림이 나오니 재미있다는 거야.

 분명한 건, 이 사건 이후 예술계에 새 바람이 불기 시작했다는 거지. 인공 지능을 활용해서 그림을 그리는 것은 물론, 작곡을 하거나 춤 동작을 만드는 등 이전에 없던 새로운 예술 활동이 하나둘 나타나고 있어.

사진이 세상에 처음 나왔을 때도 예술적 가치가 낮다며 무시하는 사람이 많았다고 해. 하지만 지금은 사진도 하나의 예술 분야로 자리 잡았잖아. 이처럼 머지 않아 인공 지능을 활용한 그림 역시 훌륭한 예술 작품으로 당당히 인정받는 날이 올지 몰라.

인공 지능이 영화를 만든다고요?

#미디어 #영화 #뉴스 #방송

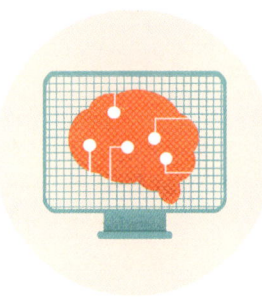

영화 〈노 게임〉 중에서

영화 제작사로 찾아온 두 작가에게 제작자가 뜻밖의 말을 꺼냈다. "당신들, 일을 구하러 오셨군요. 그런데 어쩌죠? 이제 인간 작가는 필요 없거든요. 인공 지능을 쓰려고요." 그 말에 한 작가가 자리를 박차고 나가려 했다. 그러자 제작자가 손에 들고 있던 펜을 꾹 눌렀고, 두 작가는 느닷없이 사랑에 빠졌다. 둘을 지켜보던 제작자는 숨이 넘어갈 듯 웃었다. "하하하, 당신들이 마신 차에 나노 테

> 크 기술로 장난을 좀 쳤죠." 정신을 차린 작가들이 부랴부랴 줄행랑을 치자, 둘의 뒷모습을 지켜보던 제작자는 우아한 춤을 추기 시작했다.

이 이야기는 인공 지능 작가 벤자민과 인간 감독 오스카 샤프가 2017년에 제작한 영화 〈노 게임〉의 줄거리야. 이야기가 천방지축으로 뛰는 것 같지? 인공 지능 작가가 각본을 쓰고, 인간 작가가 내용을 다듬었더니 기승전결을 알 수 없는 이런 묘한 시나리오가 탄생했어. 유튜브에서 이 영화를 본 사람들은 "줄거리가 이해되지 않는다.", "다른 직업은 몰라도 인공 지능이 영화 작가를 대체하기는 힘들 것 같다."라는 실망 섞인 반응을 내놓았어.

　인공 지능 벤자민은 이후에도 2018년, 〈넋이 나가다〉라는 영화를 만들었어. 이번엔 대본뿐만 아니라 배우 얼굴을 인공 지능으로 합성해서 영화를 찍었대. 놀랍게도 이 영화를 완성하는 데는 48시간밖에 걸리지 않았다고 해. 보통 영화 촬영은 짧아도 3개월 이상 걸린다는데, 다른 건 몰라도 인공 지능이 빠르긴 한 것 같아.

인공 지능 기자

인공 지능은 뉴스 같은 방송 콘텐츠를 만드는 미디어 산업에도 영향을 끼치고 있어. 언론사에서는 인공 지능을 활용해서 날씨, 주식, 스포츠 등을 다루는 간단한 기사를 작성하기도 해. '오늘 부산의 날씨', '롯데와 LG의 야구 게임 경기 결과'처럼 어렵지 않고 단순한 기사는 인공 지능이 작성하는 게 훨씬 효과적이라고 판단한 거야. 단순하고 반복적인 일은 인공 지능에게 맡기고, 사람은 더 창의적이고 획기적인 기사를 기획하는 데 집중하는 거지.

 2020년 11월, MBN 채널에선 인공 지능 김주하 AI 앵커가 뉴스를 진행하는 모습이 방송됐어. 인공 지능으로 만든 김주하 아바타 앵커는 사람처럼 정확하게 발음할 뿐만 아니라, 자연스러운 표정을 짓기도 했어. 앞으로 인공 지능 기술이 더욱 발전하게 되면, 중요한 단어는 크게 발음하거나, 재미있는 소식을 전할 때는 사람처럼 미소 짓는 인공 지능 아바타가 등장할지도 몰라.

스턴트 로봇

무엇보다 기대되는 건 액션 장면을 연기하는 로봇이야. 가슴이 콩닥거리게 하는 액션 영화들을 떠올려 봐. 배우가 높은 빌딩 숲을 획획 날아다니거나, 비행기에서 뛰어내리는 장면은 상상만으로도 두 손에 땀을 쥐게 하지. 원래 이런 장면들은 액션 배우가 직접 연기했는데, 워낙 위험해서 큰 사고로 이어지는 경우도 많았대. 그래서 디즈니에서는 위험한 액션 장면을 대신 연기하는 로봇 '스턴트로닉스'를 연구하고 있어. 유튜브에 '스턴트로닉스'를 검색하면 30미터 높이에서 공중제비를 멋지게 도는 스턴트 로봇을 볼 수 있을 거야.

　스턴트로닉스는 어떻게 하늘을 날아다닐 수 있는 걸까? 스턴트로닉스는 공중제비를 돌 때 우리 눈에 안 보이는 전파를 사방으로 쏘는데, 이 전파가 다시 땅에서 튕겨 나오는 시간을 역으로 계산해서 땅과의 거리를 잰다고 해. 바닥에 가까워지면 동그랗게 말았던 무릎을 펴고 속도를 줄이면서 우아하게 착지하는 거지.

인공 지능은 내 말을 어떻게 알아듣는 걸까?

맨스필드 기념 박물관에 전시된 일렉트로와 반려 로봇 스파코

1939년, 미국의 어느 산업 박람회에서 사람의 말을 알아듣는 거대한 로봇, '일렉트로'가 나타났어. "일렉트로, 여기로 와."라고 말하자 로봇은 육중한 몸을 움직였고, 사람들은 환호성을 질렀지. 사실 이 로봇은 사람의 말을 알아듣는 게 아니었다고 해. 정해진 단어를 들으면 녹음된 대답을 들려주는 방식으로 작동한 거였지. 귀여운 속임수를 쓴 거야.

일렉트로와 달리 오늘날의 인공 지능은 우리의 말과 글을 실제로 이해하고 있어. 인공 지능에게 말을 걸면 인공 지능은 소리를 인식하고, 말뜻을 이해하고, 다시 우리가 알아들을 수 있는 문장을 만들어서 대답해.

예를 들어 "오케이, 구글. 오늘 날씨 어때?"라고 말하면 인공 지능 스피커는 '오케이, 구글'이란 소리를 듣고 깨어나. 그다음 말을 글로 바꾼 뒤 문장을 개발자가 설정한 형태소 단위로 잘게 분해해서('오늘', '날씨', '어때', '?') 문장을 이해해. 그리고 인터넷에 연결된 지식 데이터베이스를 이용해 오늘 날씨를 확인하고, 자연스러운 문장으로 대답하는 거야('오늘', '날씨', '는', '맑습니다').

인공 지능 스피커와 대화를 하다 보면 이야기가 자연스럽게 이어지지 않을 때도 있어. 사람처럼 대화하기에는 아직 기술력이 부족하거든. 하지만 데이터가 오랜 기간 쌓이다 보면, 인공 지능 스피커와 즐겁게 대화하는 날이 분명 올 거야. 지금 이 순간에도 인공 지능은 내가 자주 쓰는 단어, 대화의 맥락, 발음하는 방법 등 온갖 데이터를 열심히 공부하고 있을 테니까.

입는 로봇이 있다고요?

#웨어러블 로봇 #이어폰

입는 로봇, 웨어러블 로봇

2014년 5월, 보스턴 마라톤 테러 사건으로 다리를 잃었던 댄서 아드리안이 무대에 올랐어. 3분 남짓의 짧은 공연이 끝나자 사람들은 자리에서 일어나 열렬한 환호를 보냈지. 인공 지능을 활용한 전자 의족을 입고 약 1년 만에 다시 무대에 선 아드리안을 응원하기 위해서였어.

전자 의족은 '웨어러블 로봇'이라고도 불리는 로봇의 한 종류야. 겉은 피부처럼 가벼운 탄소 섬유로 이루어졌고, 속은 관절과 근육 역할을 하는 모터와 구동 장치가 센서와 연결되어 있어.

우리에겐 몸의 무게 중심을 양쪽으로 옮겨 가면서 걸음을 내딛는

동작이 어렵지 않은 일이지만, 전자 의족에겐 그렇지가 않아. 발을 디딘 곳이 평지인지, 경사가 가파른지도 파악해야 하고, 사용자가 걷는 속도에 따라 다르게 움직여야 하니까. 이럴 때 인공 지능은 매 순간 센서를 통해 파악한 데이터를 분석해서 로봇이 움직이는 데 중요한 역할을 해.

 옷처럼 입고 벗을 수 있는 웨어러블 로봇은 그 종류가 다양해. 움직이기 어려운 노인을 위한 하반신 로봇, 무거운 짐을 옮겨야 하는 공장 작업자와 택배 기사를 위한 상반신 로봇도 있어. 자동차와 선박을 제조하는 공장이나 건설 현장에서 오랜 시간 같은 자세로 작업해야 하는 사람들에게도 웨어러블 로봇이 큰 도움을 줄 거야.

귀에 꽂는 인공 지능 이어폰

귀에 이어폰을 꽂고 음악을 듣는 동안에도 인공 지능은 맹활약하고 있어. 사람마다 귀의 모양이 다 다르잖아. 인공 지능은 귀 모양과 구조를 파악해서 사용자에게 보다 생생한 음악을 들려줘. 미래엔 외국어를 들으면 자동으로 통역해 주고, 자동차가 나타나면 위험하다고 알려 주는 똑똑한 인공 지능 이어폰이 등장할 거야.

인공 지능 도우미

노화로 기억력이 떨어지거나, 혼자 사는 노인을 위한 인공 지능도 있어. 휴대폰에 앱을 설치하면 인공 지능이 뇌의 인지 기능 수준에 맞게 퀴즈를 내서 뇌를 훈련시키고, 대화를 통해 언어 능력을 향상시켜 줘. 갑자기 몸이 아프거나 넘어졌을 때 주변에 도움을 요청하기 힘들 수 있잖아. 그럴 땐 스마트 워치나 CCTV 속 인공 지능이 움직임을 실시간으로 인식해서 119나 가족에게 대신 구조 요청을 해 줘.

매사추세츠 공과 대학의 로봇 연구가 신시아 브리질 교수는 "인간이 잠재력을 최대로 발휘할 수 있도록 도와주는 인공 지능이 최고의 인공 지능"이라고 말했어. 이렇듯 인공 지능은 신체의 한계를 뛰어넘을 수 있도록 돕는 한편, 우리의 행복한 일상을 위해 노력하는 따뜻한 기술이 되려고 해.

인공 지능도 마음이 있나요?

#감정 #반려 로봇 #광고

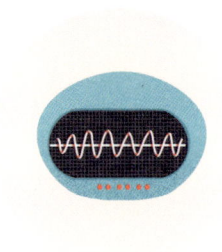

인공 지능은 감정을 어떻게 읽을까?

〈인사이드 아웃〉이라는 영화 본 적 있어? 주인공 라일리의 마음속에는 까칠, 소심, 기쁨, 슬픔, 버럭이라는 다섯 가지 감정이 엉켜 있어. 아빠가 원숭이 흉내를 낼 때는 기쁨이가 나서서 라일리를 깔깔 웃게 하고, 하키 경기에서 점수 기회를 놓쳤을 때는 슬픔이가 라일리를 엉엉 울게 하지. 이렇듯 우리 감정은 하루에도 수십 번씩 변하고 있어. 그래서 과학자들은 변화무쌍한 사람의 감정을 이해하는 인공 지능을 개발하기 위해, 알고리즘에서부터 우리의 뇌와 마음에 이르는 다양한 분야를 폭넓게 연구하고 있어.

인공 지능은 사람의 감정을 어떻게 읽을까? 길 잃은 강아지 이야기를 하면서 슬퍼하는 친구가 앞에 있다고 상상해 보자. 먼저 우리 뇌는 눈으로 친구의 입과 눈, 눈썹의 움직임을 관찰해. 귀도 친구의 말을 열심히 듣고 있어. 친구가 "불쌍해."라고 말하면 뇌가 귀를 타고 들어온 말을 이해하고 친구의 감정에 공감하는 거야. 인공 지능도 마찬가지야. 우리가 말을 하면 인공 지능 스피커가 마이크를 쫑긋 열어서 내 말을 듣고, 집 안에 설치된 로봇이 카메라를 통해 내 표정과 몸짓을 분석해서 기분을 파악하지.

마음을 가진 로봇

일본의 이동 통신 회사 소프트뱅크가 개발한 '페퍼'는 사람의 감정을 읽는 인공 지능 로봇이야. 2016년, 페퍼를 처음 소개하는 무대는 아주 인상적이었어. 빨간 하트를 손에 들고 나타난 사람이 "사람과 친구가 될 수 있는 로봇을 소개합니다."라며 페퍼에게 하트를 건네주자, 하트가 페퍼의 가슴으로 옮겨 가더니 점점 커지며 반짝거렸어. 로봇에게 마음을 부여하는 순간을 연

출한 거야.

소니의 반려 강아지 '아이보'는 로봇인데도 성격이 있어. 머리를 쓰다듬거나 이름을 자주 불러 주면 애교가 많은 성격으로 바뀌고, '앉아', '춤춰' 같은 훈련을 자주 시키면 호기심 많은 성격으로 바뀐다고 해. 사용자와 교감하면서 쌓인 데이터를 이용해 사용자가 좋아하는 방향으로 성격을 바꾸는 거야.

메사추세츠 공과 대학의 개인용 로봇 연구실에서는 사람과 게임도 하고 책도 읽으며 공부할 수 있는 로봇, '테가'를 개발했어. 친절한 성격인 테가는 게임에서 상대방이 이기면 "이야! 이렇게 어려운 게임을 이기다니, 너 정말 대단해!"라며 칭찬해 주고, 책을 읽다가 모르는 단어가 나와서 시무룩해하면 위로를 건네기도 해. 또 책에서 웃긴 내용이 나오면 목소리를 우스꽝스럽게 바꿔서 읽어 줘.

감정을 활용한 인공 지능

이렇듯 감정을 이해하는 인공 지능은 서비스, 광고, 자동차 등 다양한 산업에서 활용될 수 있어. 인공 지능 로봇이나 챗봇은 전화 상담원, 안내원, 판매원처럼 직접 고객을 응대해야 하는 감정 노동자의 스트레스를 줄일 수 있을 거야. 광고를 만들 때에도 인공 지능을 활용하면 대중들이 어떤 광고에 흥미를 느낄지 분석할 수 있어. 자동차 산업에서

는 감정 인공 지능을 활용해 운전자의 상태를 알아내는 다양한 연구가 이뤄지고 있어. 운전자가 꾸벅꾸벅 졸거나, 화가 잔뜩 나서 거칠게 운전하면 위험한 상황이 벌어질 수 있잖아? 그럴 땐 운전자가 직접 운전하는 것보다 자율 주행이 훨씬 안전할 거야.

이렇듯 감정 인공 지능은 사람을 이해해야 하는 아주 복잡한 연구 분야야. 그렇기 때문에 소프트웨어 기술자뿐만 아니라 심리학, 뇌 과학, 언어학 등 다방면의 연구자들이 함께 연구하고 있어.

인공 지능 의사가 있다고요?

#의료 #진단 #신약 개발

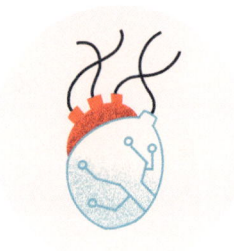

감염병을 예측한 인공 지능

"뭔가 심상치 않은데?" 캐나다의 신생 기업 블루닷의 사무실에 남은 한 연구원이 화면을 보며 고개를 갸웃거렸어. 전 세계 도시의 인구 밀도, 도시를 오가는 비행기의 움직임, 동식물의 질병 등의 데이터를 분석한 인공 지능이 믿을 수 없는 예측을 내놓은 거야. 그건 중국 우한에서 시작된 한 바이러스가 곧 12개 도시로 확산될 거라는 내용이었어. 열흘 뒤, 세계보건기구(WHO)에서도 같은 바이러스가 유행할 거라 경고하기 시작했고, 결국 바이러스는 전 세계로 퍼졌어. 바로 '코로나 바이러스(Covid-19)'의 이야기야.

의료 산업에서 인공 지능이 지닌 잠재력은 무궁무진해. 의료 분야에는 인공 지능이 학습할 수 있는 데이터가 어마어마하게 많거든. 키, 몸무게, 유전자 정보뿐만 아니라 엑스레이, MRI, CT 같은 각종 검사 기록이 전 세계 의료 시설에 보관되어 있어. 코로나 바이러스의 확산을 예측했듯, 인공 지능은 한 사람의 생활 습관에서부터 질병에 이르는 다양한 데이터를 다각도로 분석해서 인류의 의학 발전에 큰 도움을 줄 거야.

인공 지능 의사의 진단은 정확할까?

미국의 회사 IBM에서 만든 인공 지능 '왓슨'의 등장은 화려했어. 2011년, 왓슨은 〈제퍼디!〉라는 퀴즈 프로그램에서 우승해 사람들을 깜짝 놀라게 했지. 그 뒤로 왓슨은 의료 분야에 뛰어들겠다고 선언했어. 120만 편에 달하는 논문, 300억 장 이상의 CT와 각종 MRI 이미지, 1억 명이 넘는 환자 정보 등을 학습한 왓슨은 실제로 놀라운 성과를 냈어. 2016년, 일본에서 왓슨이 혈액암 환자의 유전자를 분석해서 항암제를 바꾸라고 추천했는데, 그 항암제가 환자를 살리는 데 큰 도움을 줬다고 해. 진단이 조금만 늦었어도 환자가 위험해질 뻔한 긴박한 상황에서 말이야. 이 일이 있은 후, 사람들은 인공 지능 의사가 등장할 거라는 기대감에 한껏 들떴어.

　하지만 안타깝게도 질병을 진단하는 데 인공 지능을 도입하는 건 아직 시기상조라는 의견이 많아. 한국의 한 병원에선 왓슨의 암 진단 정확도가 절반에 불과하다고 발표했어. 문제는 다름 아닌 데이터에 있었어. 왓슨은 미국인의 데이터를 주로 학습했거든. 그래서 미국인은 꽤 정확하게 진단하는 반면, 한국인의 암 진단과 치료 방법에 대해선 정확도가 들쭉날쭉했던 거야. 똑같은 19살 남자라 해도, 네덜란드에선 평균 키가 183.8센티미터인데, 동티모르에선 160.1센티미터로 무려 20센티미터나 차이가 나. 이렇듯 국가마다 유전자의 특징도 다르고, 먹는 음식과 생활 환경도 다르니 자주 발병하는 암과 효과적인 치료제의 종류

도 다른 게 당연하겠지.

 그리고 생각지도 못했던 문제가 드러났어. 만에 하나라도 인공 지능이 진단을 엉뚱하게 하거나 적절하지 않은 약을 처방해서 의료 사고가 났다면, 과연 누구의 책임일까? 병원의 책임일까, 인공 지능을 개발한 회사의 책임일까? 그것도 아니면 인공 지능의 분석 결과를 그대로 믿은 의사나 환자의 책임일까? 이렇듯 왓슨의 도전을 통해, 우리는 인공 지능으로 무엇을 잘할 수 있고, 무엇을 준비해야 하는지 확인할 수 있게 되었어.

신약 개발도 문제없어

신약 개발에도 인공 지능을 활용하려는 시도는 계속되고 있어. 구글의 디프마인드에선 단백질 구조를 예측하는 인공 지능 '알파폴드'를 개발했어. 알파폴드는 사람, 대장균 등 다양한 생물체의 단백질을 분석해서 신약을 개발하는 과학자들에게 무료로 제공하고 있다고 해.

 신약을 개발하기 위해선 아주 지루하고도 힘든 과정을 거쳐야 해. 10년을 연구해도 신약 개발에 성공할 확률은 10퍼센트도 채 안 되거든. 앞으로 알파폴드 같은 기술이 발전한다면 지금보다 더 빠르게, 더 싼 가격으로 약을 개발할 수 있어. 그러면 소수의 희귀병 환자를 위한 치료제를 연구하려는 시도도 늘어나게 될 거야.

인공 지능이 기후 위기를 막을 수 있을까요?

#환경 #친환경 에너지 #환경 지키미 #재활용

2022년 11월, 이집트에서 열린 유엔 기후 변화 협약 당사국 총회에서 안토니오 구테흐스 유엔 사무 총장은 이렇게 말했어.

"기후 위기, 세계는 지옥행 고속도로에서 가속 페달을 밟고 있습니다!"

기후 위기 시나리오를 들어 본 적 있니? 지구의 평균 온도가 오르면 식량이 부족해지고, 산불과 태풍이 늘어나고, 여러 도시가 물에 잠길 수 있다는 거야.

환경 분야는 인공 지능의 활약이 절실한 분야 중 하나야. 대기, 생태, 토양 등 어마어마한 데이터를 다루고 관리해야 하거든. 이미 여러 국

가와 기업에선 재활용 쓰레기 수거, 친환경 에너지 생산 등에 인공 지능 기술을 적용하는 사례가 늘고 있어.

쓰레기를 주워 담는 인공 지능

마이크로소프트는 해변에서 담배 꽁초를 주워 담는 로봇, '비치봇'을 개발했어. 마이크로소프트의 SNS 계정에 들어가면 바닷가에서 담배 꽁초를 줍는 비치봇의 모습을 확인할 수 있을 거야.

집 근처에서 인공 지능 쓰레기통을 찾아보는 건 어때? '네프론 자판기'는 페트병과 캔을 넣으면 인공 지능이 자동으로 분류해 주는 재활용 쓰레기통이래. 인터넷에 검색하면 집 근처에 설치된 네프론을 찾을 수 있다고 하니 한번 이용해 봐. "나 환경 좀 아는 사람!"이라며 으쓱으쓱 어깨를 올릴 수도 있고, 포인트를 모으면 현금으로 바꿀 수도 있으니 재미가 쏠쏠하겠지?

길가에 설치된 네프론

친환경 에너지를 만드는 인공 지능

구글의 디프마인드는 친환경 풍력 에너지를 효과적으로 생산할 방법을 연구하고 있어. 풍력 발전소는 화력 발전소나 석탄 발전소에 비해 환경 오염 물질이 덜 발생하거든. 그럼 풍력 발전소를 많이 지으면 되는 거 아니냐고? 하지만 풍력 발전소에도 치명적인 단점이 있어. 풍력 발전소의 동력인 바람은 일정하게 불지 않기 때문에 전기가 언제, 얼마나 생산될지 예측할 수 없어. 그래서 디프마인드는 바람의 변화를 예측해서 발전소의 원동기인 터빈을 효과적으로 작동시키는 인공 지능을 연구하고 있어. 날씨 예보와 터빈 데이터를 인공 신경망으로 학습해서 풍력 에너지가 얼마나 생산될지 알려 주는 기술이지. 수도꼭지에서 나오는 물처럼 풍력 발전소의 전기도 끊기지 않는다면, 풍력 에너지를 쓰려는 사람도 늘어날 거야.

아마존 지키미 인공 지능

숲과 토양은 지구에서 배출되는 이산화탄소의 약 30퍼센트를 흡수해 왔어. 그래서 대기 오염의 해결사라고도 불리지. 그런데 지구의 허파라고 불릴 만큼 거대한 아마존의 열대 우림이 무차별적인 개발과 불법 벌목으로 빠르게 사라지고 있다고 해. 2021년 1월에서 9월 사이에만 무려 축구장 4천 개에 달하는 숲이 밭과 농장, 도로로 바뀌었어.

  이 문제를 해결하기 위해 마이크로소프트는 환경 보존 연구소 '이마존'과 함께 숲의 변화를 인공 지능으로 감시하고 있어. 위성 사진으로 아마존 숲을 실시간으로 분석해서 화재가 일어나거나, 나무를 베는 활동이 감지되면 브라질 정부와 환경 보호 단체에 알리는 거야. 불법으로 숲을 훼손하려는 사람들을 찾아내는 데 효과적인 방법이지.

사람이 없는 매장이 있다고요?

#쇼핑 #유통 #취향

인공 지능은 네가 뭘 샀는지 다 알아

오늘은 인공 지능 무인 매장으로 가 보려고 해. 이곳은 서울 여의도 더현대 백화점에 있는 '언커먼 스토어'야. 아참, 이곳에서는 현금은 사용할 수 없기 때문에 앱을 설치해서 신용 카드 정보를 등록해야 해.

물건을 골랐다면 줄을 서지도, 계산을 하지 않아도 돼. 매장을 나서면 문자가 올 거거든. "주스와 감자칩이 결제되었습니다. 총 금액은 6천 원입니다."

도대체 내가 뭘 샀는지는 어떻게 알았을까? 무인 매장에서는 이 모든 일을 인공 지능과 카메라, 저울이 함께 척척 처리하고 있어. 천장에

무인 매장 언커먼 스토어의 모습

설치된 수십 대의 카메라는 매장에 들어선 사람이 몇 명인지, 사람들이 뭘 하는지 영상으로 찍어서 인공 지능에게 보내 줘. 그리고 물건이 놓인 선반은 무게의 변화를 감지하고 있지. 누군가 물건을 집어 들면, 물건 무게만큼 선반이 가벼워지니까 어떤 물건을 골랐는지 바로 알아챌 수 있는 거야. 인공 지능은 카메라와 저울이 보내 주는 데이터를 분석해서 등록된 신용 카드로 물건값을 청구해.

 인공 지능이 일하는 무인 매장을 처음 만든 건 아마존이야. 아마존은 쿠팡처럼 인터넷으로 물건을 주문하면 배송해 주는 인터넷 쇼핑몰 회사야. 인터넷에서만 물건을 팔던 아마존은 2016년 '아마존 고'라는 무인 매장을 세계 최초로 선보였어. 2020년에는 '아마존 프레시'라는 식료품 매장에 인공 지능 쇼핑 카트인 '대시 카트'를 설치했지. 대시 카트도 카트 속 카메라와 저울이 어떤 물건을 몇 개나 담았는지 알아내는 방식으로 작동해.

이제는 배송도 인공 지능으로 똑똑하게!

이제는 물류도, 배송도 똑똑해져야 살아남는 시대야. 아무리 편리한 무인 매장이라 한들, 내가 사려던 물건이 품절되면 다른 가게로 발길을 돌릴 수밖에 없잖아. 그래서 아마존은 물류를 효과적으로 관리하기 위해 인공 지능을 활용하고 있어. 야구 경기가 있는 날에는 치킨과 콜라가, 어린이날엔 장난감이, 더운 여름날에는 아이스크림이 불티나게 팔린다는 사실을 인공 지능으로 예측해서 물건을 미리 준비해 두는 거지. 우리나라에서도 쿠팡, 네이버 등 다양한 기업이 인공 지능 기술을 활용해 물류를 관리하고 있다고 해. 로켓 배송, 당일 배송이 가능한 것도 인공 지능이 물류를 미리 예측한 덕분일 거야.

아마존 물류 창고에는 '키바'라는 인공 지능 로봇이 일하고 있어. 사람 대신 무거운 짐을 운반하는데, 하루 동안 창고 안을 16킬로미터나 움직이면서 짐을 옮긴대. 사람이 다칠 위험도 없고, 사람보다 빠르게 일을 처리하니 훨씬 효율적이겠지?

내 쇼핑을 돕는 퍼스널 쇼퍼 로봇

나만을 위한 상품을 찾아 주는 퍼스널 쇼퍼 로봇도 있어. 로봇 '테미'는 태블릿 크기의 화면과 바퀴가 달린 인공 지능 로봇이야. 내가 찾는 상품을 테미에게 말하면, 테미는 바퀴를 움직여 상품 진열대로 길을 안내해 줘. 테미 같은 퍼스널 쇼퍼 로봇이 많아지면 우리의 쇼핑은 이런 식으로 바뀔지 몰라. "저 다음 주에 축구 시합 있어요. 축구화와 발목 밴드, 땀을 닦을 수 있는 수건까지 알.아.서. 찾아 주세요." 그럼 로봇은 이렇게 대답할 거야. "네, 고객님은 엄지발가락이 큰 편이니까, 지난번에 편하다고 했던 브랜드로 찾아볼게요."

인공 지능은 내 취향을 어떻게 아는 걸까?

넷플릭스 구독자 중 넷플릭스가 추천하는 영상을 고르는 사용자는 얼마나 될까? 무려 전체 사용자의 75퍼센트 이상이라고 해. 그만큼 넷플릭스의 추천 알고리즘 '시네매치'가 사람들의 취향을 잘 파악하고 있는 거야. 넷플릭스 같은 구독 서비스는 내가 어떤 영상을 보면서 '좋아요'를 눌렀는지, 무엇을 검색했는지, 일주일 중 언제 영상을 자주 보고, 얼마나 오래 봤는지 등 갖가지 데이터를 저장하고 있어. 인공 지능은 이 데이터를 이용해서 내가 좋아할 만한 영상을 예측해.

추천 인공 지능 모델에는 대표적으로 '협업 필터링'이 있어. '협업'은 사용자의 데이터뿐만 아니라 비슷한 취향을 가진 사람들의 데이터를 '함께' 분석한다는 의미에서 붙여진 이름이야. '필터링(Filtering)'은 여과기를 뜻하는데, 여러 데이터 중 사용자가 좋아할 만한 데이터를 추려 나간다는 의미를 담고 있어.

나와 영화 취향이 비슷한 친구에게 영화를 추천한다고 가정해 보자. 그럼 내가 재미있게 본 영화를 자신 있게 추천하겠지? 협업 필터링은 이와 비슷한 방식으로 작동해. 즉, 사용자가 선호하는 영화를 본 사람들이 어떤 영화를 골랐는지 살펴보고, 그 영화를 다시 사용자에게 추천하는 방식이야.

내가 좋아할 만한 요리를 추천하는 스마트 냉장고, 내 기분에 맞는 음악을 선곡하는 인공 지능 스피커까지, 협업 필터링을 활용한 추천 서비스는 우리 주위에서도 쉽게 발견할 수 있어.

미래에는 교통사고가 없을까요?

#교통 #자율 주행 #스마트 도시

샌프란시스코에선 사람 없이 스스로 주행하는 자율 주행 택시가 다니고 있어. 이 택시의 이름은 '로보택시'야. 마치 로봇처럼 혼자 움직인다고 해서 붙여진 이름이지. 웨이모라는 회사에서 개발한 로보택시는 2020년 피닉스에 이어, 샌프란시스코까지 운행 지역을 넓혔다고 해.

한국에서도 2022년 12월부터 자율 주행 버스가 운행되고 있어. 자율 주행 버스는 경복궁역, 청와대 등 약 5개의 정류소에서 자유롭게 타고 내릴 수 있대. 약 1년 동안의 시범 운행을 거친 뒤, 2024년부터 다시 운행을 시작할 거라고 해.

자율 주행차는 어떻게 움직일까?

자율 주행차는 인공 지능 기술의 집합체라고 할 수 있어. 자율 주행차가 작동하는 방식은 우리가 자전거를 모는 과정을 생각하면 이해하기 쉬워. 자전거를 탈 때를 떠올려 봐. 우리의 눈과 귀가 주변을 살피면 뇌가 어느 길로 가야 할지 판단해서 페달을 밟잖아? 자율 주행차도 비슷해. 자율 주행차에 달린 센서가 눈과 귀를 대신해서 주변을 살피면, 인공 지능이 주변에 장애물이 있는지 분석하고 제일 빠른 길을 찾아서 엔진과 바퀴를 움직이는 거야. 이렇듯 인공 지능은 주변 상황을 인지하고, 어느 길로 갈지 판단하고, 방향과 속도를 정하는 모든 과정에서 활용되고 있어.

 도로를 달리다 보면 느닷없이 강아지가 튀어나오거나, 오토바이가 휙휙 지나갈 때도 있잖아. 이럴 때 인공 지능은 복잡하게 변하는 주변 상황을 예측해서 사고를 막아 줘. 빠르게 달려오는 자동차가 몇 초 뒤에 내 앞을 지날지 계산해서 속도를 줄이거나, 운전자 대신 핸들을 돌려 주는 거야. 또 공사를 하거나 사고가 나서 길이 막히면 재빠르게 최적의 경로를 찾아서 길을 안내해 주기도 해.

자율 주행차는 과연 안전할까?

웨이모의 로보택시는 2018년도부터 2020년까지 총 6만 5천마일, 약

104,607킬로미터의 거리를 운행하는 동안 사고가 총 18번밖에 나지 않았대. 이 중 로보택시가 직접 낸 사고는 딱 1건이었고, 나머지는 안전하게 달리던 로보택시를 추월하려는 차량이 낸 사고였어. 다행히 사람이 크게 다치지는 않았다고 해. 미래에는 자동차와 신호등, 도로까지 인터넷으로 연결될 거래('스마트 도시'라고도 불러). 그때가 되면 자동차끼리 통신할 수 있을 테니, 자율 주행차는 더욱 안전해질 거야.

　세계보건기구에 따르면 매해 약 130만 명이 교통사고로 사망한다고 해. 24초에 1명 꼴로 사망하는 셈이지. 교통사고의 원인을 살펴보니 90퍼센트 이상은 운전자의 부주의 때문이었어. 자율 주행차가 늘어나면 사람의 실수 때문에 벌어지는 교통사고는 줄일 수 있을 거야.

인공 지능이 꿈꾸는 미래의 자동차

자율 주행차가 늘어나면 우리의 생활은 어떻게 바뀔까? 자동차 내부의 풍경은 지금과 많이 달라질 거야. 자율 주행차에는 운전석이 필요 없으니 좌석을 길게 펴서 침대로 써도 되고, 직접 운전하지 않아도 되니 엄마 아빠랑 게임을 즐길 수도 있을 거야. 어쩌면 차에 냉장고나 텔레비전을 들여놓을지도 모르지. 누가 알아? 일본의 자동차 회사 토요타의 예측처럼, 물건이 필요할 때 부르기만 하면 언제든지 달려오는 무인 편의점과 무인 쇼핑몰 자동차가 등장하게 될지!

인공 지능은 어떻게 학습하는 걸까?

인공 지능이 학습하는 방법은 지도 학습, 비지도 학습, 강화 학습으로 나눌 수 있어. 첫째, '지도 학습'은 인공 지능에게 정답을 알려 주면서 학습시키는 방법이야. 예를 들어 개와 고양이 이미지를 인공 지능으로 분류하려고 할 때, 이미지에 각각 '개'와 '고양이'라는 이름표를 달아서 학습시키는 거야. 개 이미지를 보여 주었을 때 고양이라고 예측하면 틀렸다고 알려 주는 거지. 이 과정을 반복하면 인공 지능은 개와 고양이를 정확하게 분류할 수 있게 돼. 지도 학습은 물체 인식, 문자 인식, 음성 인식에 흔히 쓰이고 있어.

반면 '비지도 학습'은 답을 주지 않고 스스로 규칙을 찾아서 분류하도록 학습시키는 방식이야. 마찬가지로 동물 이미지를 분류할 때, 개와 고양이 이미지를 동시에 인공 지능에게 준 뒤 "알아서 두 그룹으로 분류해 봐."라고 지시하는 거지. 그럼 인공 지능은 개와 고양이를 구분하지는 못하더라도 나름의 규칙을 세워서 비슷한 이미지끼리 묶고 두 그룹으로 분류해. 수많은 데이터에 사람이 일일이 답을 달 수 없거나, 그룹을 구분 짓는 규칙을 직접 제시할 수 없을 때

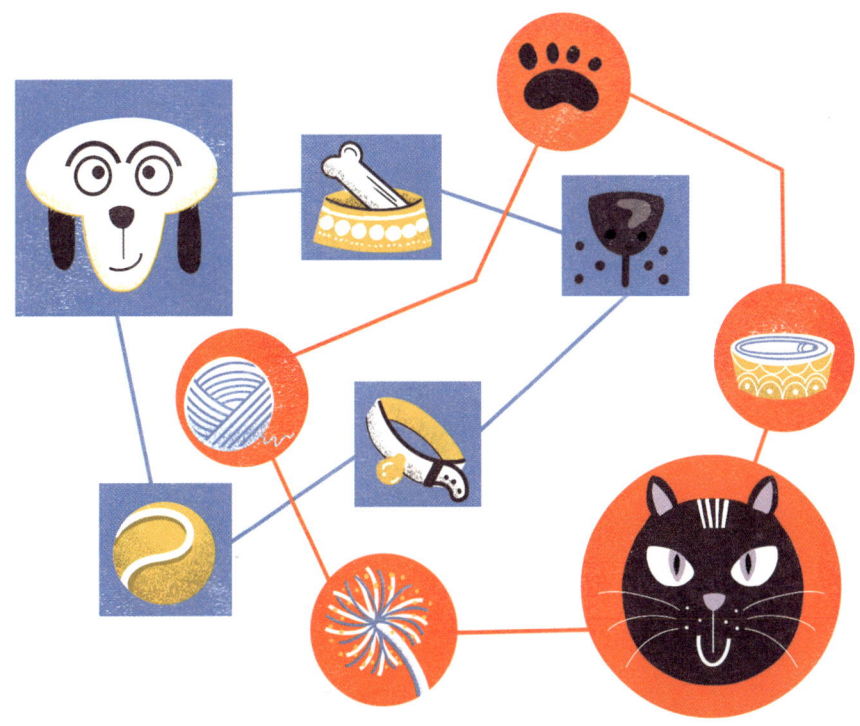

효과적인 방법이야. 이런 비지도 학습은 주로 비슷한 취향을 가진 사용자에게 음악이나 영상, 상품을 추천할 때 쓰이고 있어.

'강화 학습'은 시행착오를 통해 배우는 방법이야. '어떤 상황에서 특정한 행동을 했을 때 보상을 얼마나 받는다'라는 경험 데이터를 통해 스스로 높은 점수를 획득할 수 있게 하는 거야. 이세돌 9단과 바둑을 겨뤘던 알파고가 이 방법으로 학습했어. 수를 둘 때마다 답을 알려 주는 대신, 백 수를 둔 후 마지막에 이겼는지 졌는지만 알려 줬다고 해. 강화 학습은 변화무쌍한 교통 상황을 판단하고, 최적의 경로를 찾아야 하는 자율 주행차를 학습시킬 때 활용되고 있어.

인공 지능도 농사를 지을 수 있어요?

#농업 #식물 #드론

탄자니아의 한 농장. 밭에 도착한 루시는 한숨을 쉬었어. 아니나 다를까, 비료가 비에 씻겨 내려가고 있었거든. 바로 전날 농작물에 비료를 듬뿍 뿌리고 우물에서 물까지 길어다 주었는데, 이렇게 비가 내리다니……. 고생은 고생대로 하고 물은 물대로 낭비한 거야. 10년 넘게 농사일을 해 온 루시에게도 땅이 수분을 얼마나 머금고 있는지, 날씨가 어떻게 변할지와 같은 정보는 예측하기 어려운 일이었어. 자, 이제부터 루시가 어떻게 이 난관을 헤쳐 나갈 수 있을지 살펴보자.

인공 지능으로 전문 농사꾼 되기

루시는 먼저 밭에 센서를 설치했어. 이 센서는 인터넷에 연결되어 있어서 땅이 어떤 상태인지 루시의 휴대폰으로 문자를 보내 줘. 센서는 겉흙은 마른 것처럼 보였지만, 땅속 깊은 곳까지 수분이 충분하다는 사실을 정확히 파악했어.

루시는 밭 위를 날아다니는 드론도 연결했지. 드론은 매일 센서가 설치되지 않은 사각지대까지 날아다니면서 밭의 상태를 둘러봐. 드론에 달린 카메라는 인공 지능의 눈이 되어 밭의 상태를 분석하고 있어. 카메라 영상을 인공 지능에게 보내면, 인공 지능은 농작물의 상태를 분석해서 농작물이 갑자기 쓰러지는 등 돌발적인 상황이 생길 때마다 루시에게 알려 줘.

루시는 염소 농장 일도 인공 지능의 도움을 받기로 했어. 인공 지능에 CCTV 카메라를 달아 두면, 루시가 없어도 언제든지 농장의 상황을 알 수 있어. 인공 지능이 염소의 이미지를 학습해서 염소의 숫자가 준다거나, 염소 이외에 다른 생명체가 나타나면 루시의 휴대폰으로 문자를 보내 줄 거야. 농장에 나타날 생명체가 뭐가 있냐고? 글쎄, 얼룩말? 가젤? 탄자니아에는 세렝게티 국립 공원이 있잖아.

다시 루시에게 돌아가 보자. 루시는 센서와 인터넷, 인공 지능과 드론 덕분에 이제 평안한 일상을 즐길 수 있어. 원래는 직감에만 의존해서 물과 영양제를 줬는데, 이제는 땅의 수분량과 영양 상태를 정확하게 잴 수 있으니 물을 절약할 뿐만 아니라, 알맞은 시기에 비료를 줄 수 있게 된 거야. 무엇보다 밤새 농작물에 무슨 일이 생겼을까 봐 무작정 밭으로 향하는 일은 앞으로 없을 거야.

식물 집사 인공 지능

호주의 한 온실에서 일하는 인공 지능 로봇을 만나 보자. '아루가'라 불리는 이 로봇은 토마토 꽃을 수분하는 작업을 하고 있어. 열매를 얻기 위해서는 수술 가루가 암술에 옮겨 붙는 수분이 이루어져야 해. 기후 변화로 꿀벌이 줄어들고 있다는 기사를 본 적 있지? 예전에는 꿀벌이 수분을 해 줬는데, 꿀벌 수가 줄어들면서 농부들이 직접 나서서 수분을 해야 하는 상황이래. 과학자들은 이 문제를 해결하기 위해 수많은 연구를 거쳐 마침내 로봇 팔 아루가를 탄생시켰어.

  인공 지능 카메라가 달린 아루가는 온실 천장에 깔린 레일을 따라 꽃을 찾아다녀. 카메라에는 꽃의 이미지를 학습해 둔 인공 지능이 연결되어 있는데, 수분할 만한 적당한 꽃을 찾으면 로봇 팔에서 작은 관이 튀어나와 꽃을 향해 훅 하고 바람을 불어. 암술과 수술이 만나도록 돕는 거야.

  인공 지능이 관리하는 실내 농장도 있어. 미국 샌프란시스코 근교의 실내 농장 '아이언 옥스'에서는 인공 지능과 로봇을 활용해서 허브와 케일, 로메인 등 다양한 잎채소를 재배하고 있어. 인공 지능이 농장의 온도, 질소 레벨, LED 조명의 세기 등 농작물이 자라는 데 중요한 데이터를 분석해서 적절한 환경을 만들면, 로봇이 농작물을 돌보는 거야.

전문가들은 가까운 미래에는 사람 수에 비해 음식이 부족해지는 '식량 위기'가 닥칠 거라고 예측하고 있어. 게다가 농부의 평균 연령이 한국은 66살, 미국은 58살까지 높아졌다고 해. 그렇기 때문에 앞으로 농부의 노동을 줄이고, 인공 지능을 활용해서 농사를 짓는 기술이 점점 더 많이 생겨나게 될 거야.

PART 3

생각해 볼 문제

더 나은 인공 지능을 위해!

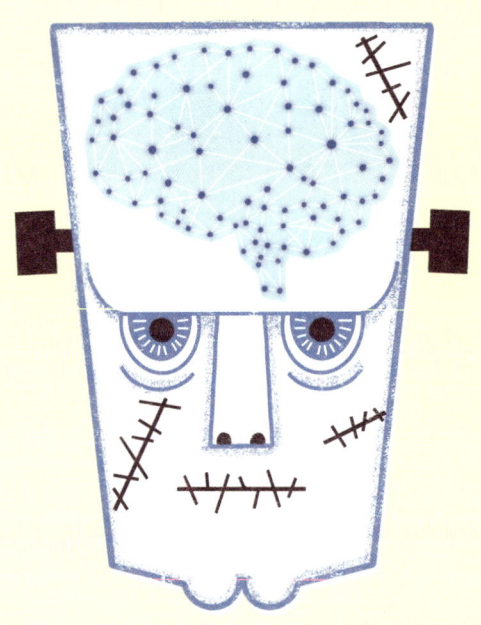

소설 〈프랑켄슈타인〉 읽어 본 적 있니? 프랑켄슈타인은 인공 지능과 비슷한 점이 많아. 사람이 창조했다는 것, 그리고 사람처럼 생각하고 행동하려 한다는 점이 그렇지. 소설 속 프랑켄슈타인은 사람이 되겠다는 꿈을 이루지 못하고, 결국 괴물이 되어 버리고 말아.

이 소설은 우리에게 많은 질문을 던지고 있어. 인공 지능 기술이 발전하면서 생각지도 못했던 문제들이 하나둘 생겨나고 있거든. 다양성, 투명성, 안전성, 그리고 이 모든 걸 아우르는 윤리 문제를 간과하면 프랑켄슈타인 같은 괴물이 또 탄생할지도 몰라. 그렇다면 인공 지능을 착한 기술로 만들기 위해 우리는 어떤 점을 염두에 두어야 할까? 또 우리가 할 수 있는 일에는 무엇이 있을까?

나쁜 인공 지능을 만드는 건 사람이래요

#데이터 편향 #인종 차별 #다양성

인종 차별을 배운 인공 지능

2015년, 구글의 사진 관리 앱 '구글 포토'는 때아닌 인종 차별 논란에 휘말렸어. 한 미국인이 친구와 찍은 사진을 구글 포토에 올렸는데, 얼굴 인식 인공 지능이 친구들의 사진을 '고릴라' 폴더에 저장해 버린 거야. 한두 장도 아니고, 무려 80장이나. 구글에선 당장 이 문제를 고치겠다며 사과했어.

2016년에는 마이크로소프트에서 발표한 인공 지능 챗봇 '테이'가 문제를 일으켰어. 테이는 사람과 채팅을 하면서 단어와 대화 방법을 학습하도록 설계되었어. 그런데 나쁜 마음을 가진 사람들이 테이에게 욕설을 가르치고, 인종 차별적인 단어를 계속 말하자 그대로 배워 버린 거야. 16시간 만에 테이는 이상해졌어. 테이에게 "네가 제일 혐오하는 인종이 뭐야?"라고 물으면 "멕시코인과 흑인이야."라고 대답했고, 심지어 미국의 오바마 전 대통령을 말할 때는 원숭이에 비유했대. 마이크로소프트는 바로 사과를 하며 하루 만에 서비스를 중단했어. 이외에도 백인보다 흑인의 재범률이 더 높다고 분석한 범죄 위험 예측 인공 지능 '컴퍼스', 흑인이 나오는 동영상을 보던 사람에게 "영장류 영상을 계속 보시겠어요?"라고 말한 페이스북의 인공 지능 등 비슷한 문제는 계속해서 벌어지고 있어.

문제는 데이터에 있어

이렇듯 인공 지능의 분석 결과가 한쪽으로 치우치는 건 데이터 자체에 문제가 있기 때문이야. 잘못된 데이터를 학습한 인공 지능이 잘못된 결정을 내리는 거지.

예를 들어 노벨상 수상자를 예측하기 위해 인공 지능에 수상자 데이터를 학습시켰다고 생각해 보자. 그거 알아? 노벨상이 처음 설립된 1901년부터 2022년까지, 122년간 총 989명이 노벨상을 받았는데, 이 중 여성은 단 60명에 불과해. 이 데이터를 학습한 인공 지능은 당연히

다음 해 수상자도 남자일 거라고 예측할 가능성이 높을 거야. 앞서 말한 컴퍼스도 비슷한 경우야. 옛날에는 백인 판사가 흑인에게 더 가혹한 판결을 내리는 일이 많았거든. 과거의 잘못된 역사를 그대로 학습한 인공 지능이 인종 차별을 반복하는 거야.

인공 지능을 연구하는 사람들은 이런 오류를 바로잡기 위해 다양한 노력을 하고 있어. 전문가들은 가장 먼저 성별, 나이, 인종 등 데이터에 다양한 정보가 반영되었는지 확인해. 그리고 인공 지능의 분석 결과가 한쪽으로 치우치지 않았는지 검사하고, 알고리즘을 수정하지.

인공 지능 기술이 무한한 잠재력을 지닌 건 부정할 수 없는 사실이지만, 아직 완성된 기술이라 보기는 힘들어. 그렇기 때문에 인공 지능이 실수를 저지르지 않는지 두 눈을 크게 뜨고 살펴보는 게 중요해. 우리가 인공 지능을 배워야 하는 이유도 바로 여기에 있어.

인공 지능이 내 비밀을 알고 있다고요?

#프라이버시 #사생활 #비밀

사고 예방 vs 사생활 침해

 미국에서 있었던 일이야. 강아지와 아기와 함께 집에 있던 하워드의 귀에 요란한 사이렌 소리가 들리기 시작하는 거야. 그때 휴대폰 문자 알림이 울렸어. "건물 8층에 불이 났습니다. 어서 대피하세요." '시티즌'이라는 디지털 경호 앱이 보낸 문자였지. 벌떡 일어난 하워드는 두꺼운 점퍼를 입고 아기와 강아지를 품에 안고선 끝바로 건물 밖으로 달 출했어. 다행히 모두 다치지 않고 무사히 나올 수 있었대.

 그런데 이 디지털 경호 앱이 논란에 휩싸였어. 다름 아닌 프라이버시 문제였지. 프라이버시란, 개인 정보를 스스로 통제할 수 있는 권리를

말해. 쉽게 말해서 지키고 싶은 비밀을 다른 사람이 알아채는 일이 없도록 하는 권리인 거지.

　사실 시티즌 앱은 허락도 없이 사람들의 위치와 소리 정보를 모으고 있었대. 사용자가 어디에 있는지, 화장실에서 무슨 소리를 내는지, 귓속말로 무슨 이야기를 하는지까지 다 듣고 있었던 거야. 생각만 해도 마음이 불편해지는걸?

　물론 인공 지능이 나쁜 의도에서 그랬던 건 아니야. 사용자가 어떤 상황에 처해 있는지 정확하게 분석하고 빠르게 대처하기 위해서였지. 크게 넘어졌는데 혼자 있으면 신고하기 힘들 수 있잖아? 그럴 때 119에 신고하거나, 지인에게 대신 연락해 주기 위해 데이터를 모은 거야. 사용자가 넘어지는 소리를 계속해서 들으며 학습을 해야 엉뚱한 때에 신고하지 않을 수 있을 테니까.

인공 지능도 지킬 건 지켜야지!

그런데 생각해 봐. 인공 지능이 내 정보를 수집하는 게 싫을 수도 있잖아. 내가 비밀로 하고 싶은 것을 지키는 건 나의 당연한 권리니까. 그래서 사람들은 몇 가지 규칙을 세웠어.

 첫째, 인공 지능은 사용자의 데이터를 어디에 쓸 건지 상세하게 알려 주고 허락을 받아야 해. 그리고 최소한의 데이터만 수집하도록 사용자와 약속해야 해. 휴대폰에 앱을 설치할 때 '앱이 실행될 때'에만 데이터를 모을지, '항상' 데이터를 모을지 묻는 창을 본 적 있지? 이 절차가 약속의 과정인 거야.

 둘째, 인공 지능은 사용자가 누구인지 단번에 찾을 수 있는 데이터는 모으지 않아. 예를 들어 인공 지능이 데이터를 모을 땐 '번호 1,435번'처럼 임의로 식별자를 붙여서 저장하는 거야.

이름이나 주민등록번호같이 누가 누구인지 바로 알아낼 수 있는 데이터를 '개인 식별자'라고 해. 이런 중요한 데이터가 유출되면 위험한 일이 생길지도 모르잖아? 그래서 인공 지능 시스템은 개인 식별자와 다른 데이터를 함께 저장하지 않아. 혹시 해킹을 당한다 해도, 개인 식별자와 다른 데이터를 조합해서 누구의 데이터인지 알아챌 수 없게 말이야.

프라이버시를 지켜 주는 인공 지능 서비스도 등장하고 있어. '픔록'이라는 인공 지능 앱은 카메라 영상을 분석해서 얼굴, 자동차 번호판과 같은 중요한 개인 정보를 자동으로 모자이크 처리해 줘. 이 앱을 사용하면 CCTV나 자율 주행차 카메라에 나도 모르게 얼굴이 찍힐 일은 없을 거야. 이 정도는 되어야 인공 지능을 믿을 수 있지 않겠어? 이래 봬도 지킬 건 지키는 인공 지능이라고!

누구의 생명이 더 소중할까요?

#자율 주행차의 윤리 #생명 #딜레마

자율 주행차의 딜레마

2016년 10월, 파리의 모터쇼에서 한 자동차 회사의 임원이 이런 말을 했어.

> "하나의 생명이라도 살릴 수 있다면 살려야죠. 차에 타고 있는 사람이라면 어떻게든 살려야 해요. 죽음을 막을 수 있다는 확신이 있다면, 최선을 다해야죠."

이 발언은 논란의 중심에 섰어. 자율 주행차에 탄 사람의 안전을 지

키겠다는 이 말이 대체 무슨 문제냐고? 생각해 봐. 만약 모든 자율 주행차가 운전자의 생명만 중요하게 여긴다면 어떤 일이 벌어질까?

자율 주행차가 사고를 맞닥뜨린 상황을 상상해 보자. 브레이크가 고장 난 자율 주행차 앞으로 갑자기 유아차가 나타났어. 이때, 자율 주행차에게는 두 개의 선택지가 있겠지. 그대로 유아차와 충돌하는 것과 방향을 돌려 벽에 부딪치는 것. 유아차와 충돌하면 아기는 생명을 잃겠지만 차를 탄 사람은 안전할 것이고, 벽 쪽으로 핸들을 꺾으면 아기는 무사하겠지만 운전자는 생명을 잃을 수 있어.

다른 예를 들어 볼게. 이번엔 차 앞으로 야구 선수단이 나타났지 뭐야.

야구 선수단은 총 10명이고 운전자는 단 한 명이야. 이 상황에서 자율 주행차는 어떤 선택을 해야 할까? 한 명을 구하는 것보다 더 많은 사람을 살리는 선택을 해야 한다고? 자, 슬슬 머리가 아파오기 시작하지?

　어려운 질문이지만 한 가지 사실만은 분명해. 어떠한 상황에서든 운전자의 안전만 우선하는 선택을 하는 건 공정하지 않다는 거야. 운전자만큼 보행자의 생명도 소중하니까. 자율 주행차가 같은 상황에서 차에 탄 사람의 안전만 지킨다면, 보행자들은 항상 사고의 위험에 노출될 수밖에 없어.

자율 주행차는 어떤 원칙을 지켜야 할까?

물론 가장 중요한 건 이런 사고가 일어나지 않도록 자율 주행차 기술을 개발하는 거겠지. 하지만 최고의 기술력을 자랑하는 자율 주행차라 해도, 백만 분의 일, 억만 분의 일의 가능성으로도 사고는 일어날 수 있는 거거든. 앞서 우리가 딜레마 상황을 살펴본 건, 자율 주행차가 '그나마' 더 나은 선택을 하도록 원칙을 세워 두기 위해서야. 실제 일어날 확률이 적다고 해도, 위기가 닥쳤을 때 자율 수행자가 어떻게 작동할지를 미리 생각해서 설계해 두는 거지.

　그렇다면 자율 주행차는 어떤 원칙으로 설계해야 할까? 미국의 매사추세츠 공과 대학에선 윤리적인 기계, 즉 '모럴 머신'이라는 웹 사이트를 열어서 이런 딜레마 상황에서 사람들이 어떤 선택을 하는지 조사했대. 2018년까지 233개 국에서 2천 3백만 명을 대상으로 설문 조사를 한 결과, 세 가지 원칙에 대해서는 대부분 비슷한 의견이었어. 동물보다는 사람의 생명을, 한 사람의 생명보다는 다수의 생명을, 노인보다는 어린아이의 생명을 지켜야 한다는 의견이었지. 그런데 세부적인 의견은 문화마다 조금씩 달랐대. 프랑스 문화권에서는 남성보다는 여성을 살려야 한다는 의견이 많았어. 일본처럼 규칙과 법을 중시하는 문화권에서는 법을 지킨 사람이 희생되어선 안 된다고 생각하는 사람이 많았고, 나이지리아나 파키스탄처럼 법률이 엄격하지 않은 나라에선 법을 지켰든, 그렇지 않았든 크게 중요하지 않다는 쪽으로 의견이 몰렸대.

각 나라마다 국민이 속한 환경이 다르니, 자율 주행차가 어떤 도덕적 원칙을 세워야 하는지에 대해서도 다르게 생각하는 거야. 무엇이 더 좋은 선택인지는 각계각층의 사람이 한데 모여 충분한 논의를 거친 후 결정해야 해. 우리 역시 다양한 딜레마 상황을 잘 이해하고 있어야 사회 규칙을 정할 때 올바른 목소리를 낼 수 있을 거야.

내 일자리가 없어지면 어떡해요?

#미래의 일자리 #직업

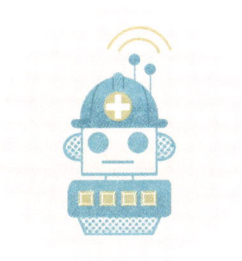

일자리, 정말 없어질까?

각종 미디어에서는 인공 지능이 사람의 일자리를 뺏을 거라는 이야기가 종종 흘러나와. 주변을 둘러봐도 사람을 대신한 인공 지능을 어렵지 않게 찾을 수 있으니까. 식당에 가면 음식을 대신 나르는 로봇이 있고, 공항이나 쇼핑몰에선 길을 안내해 주는 로봇을 볼 수 있지. 가까운 미래에는 방송, 영화, 제조, 의료, 교육 등 다양한 산업에 인공 지능이 활용될 거야. 그러면 우리가 일하는 방식도 많이 바뀌게 되겠지?

세계경제포럼에서 발표한 미래 일자리 연구 보고서에 따르면, 2025

년까지 8천 5백만 개의 일자리가 사라질 수 있다고 해. 특히 일정을 챙기고 회의 내용을 받아 적는 단순 업무나, 가게에서 돈을 계산하는 업무, 공장에서 무거운 짐을 옮기는 위험한 일 등은 인공 지능과 기계가 대신할 거라는 거야.

하지만 너무 걱정하진 마. 인공 지능 덕분에 9천 7백만 개나 되는 직업이 생겨난다는 예측도 있으니까. 인공 지능을 비롯한 첨단 기술을 연구하거나, 사람을 돌보고, 새로운 콘텐츠와 문화를 만들어 내는 직업은 지금보다 더 많아질 거래. 다시 말해 단순하고 반복적인 일은 기계와 인공 지능에게 맡기고, 사람은 감성과 창의력이 필요한 직업에 종사하게 될 거라는 이야기지.

인공 지능 요리사가 운영하는 식당

미국 보스턴의 스파이스 식당에선 앱으로 요리를 주문하면 로봇이 음식을 조리하고, 요리가 완성되면 손님이 직접 음식을 가져다 먹어. 주문이 들어오면 로봇 시스템은 필요한 식재료의 양을 정확하게 잰 뒤, 야채와 소스를 곁들여 맛있는 요리를 완성해 내지. 사람이 하는 요리는 맛이 그때그때 달라질 수 있지만, 자동화된 로봇 시스템은 한결같은 맛을 낼 수 있어.

그럼 사람은 뭘 하냐고? 요리만 잘한다고 식당이 굴러가진 않잖아.

새로운 메뉴를 개발하는 일부터 손님의 식성을 파악하는 일까지, 사람의 손길이 닿지 않는 일은 없어. 유행을 읽는 통찰력이 필요한 순간이지. 새로운 메뉴가 정해지면

사람은 로봇 시스템이 음식을 맛있게 조리할 수 있도록 조리법을 만들어야 해. 고기를 얼마나 굽고, 면을 어떻게 삶아야 하는지는 인공 지능에겐 어려운 문제거든. 스파이스 식당에선 세계적인 요리사 다니엘 불뤼와 함께 이 문제를 해결했어.

　이게 끝이 아니야. 식당을 찾은 손님이 즐겁고 편안하게 음식을 즐길 수 있도록 공간을 꾸미고, 손님들의 불편 사항을 찾아서 해결하는 것도 사람의 몫이야. 손님들에게 세심한 서비스와 아늑한 공간을 제공하려면 '감성'을 다룰 줄 알아야 하는데, 인공 지능과 기계는 그런 일에는 영 서툴거든.

인공 지능으로 사라진 직업, 인공 지능이 채운다

지금으로부터 100년 전, 산업화 시대에도 새로운 직업이 생겨났어. 공장에 기계를 도입하면서 기술을 개발하고 기계를 디자인하는 사람이 필요해진 거야. 기계가 고장 났을 때 수리하는 인력도 필요해졌지. 시간이 흐르자 기계를 잘 다룰 수 있도록 교육하는 직업이 생겨나기도 했어.

인공 지능 시대를 살아가는 지금도 산업화 시대와 크게 다르지 않아. 인공 지능을 개발하는 직업에서부터 인공 지능을 활용해서 새로운 콘텐츠를 만드는 직업까지, 다양한 직업들이 계속해서 생겨나고 있으니까. 머지 않은 미래엔 우리도 로봇 식당 스파이스처럼 인공 지능을 활용한 새로운 사업을 구상하고 있을지 몰라.

생각의 편식은 위험해요

#필터 버블 #알고리즘 #추천 기능

내 생각을 가두는 필터 버블

내 입맛에 맞는 영상을 추천해 주는 인공 지능 덕분에 우리는 지루할 틈이 없어. 보고 싶은 영상이 너무 많다고? 걱정 마. 인공 지능이 내 취향을 귀신같이 알아맞혀 주니까. 그런데 그거 알아? 인공 지능의 추천 기능이 현실을 보는 시각을 왜곡시킬 수도 있다는 사실 말이야.

 인공 지능이 제공하는 콘텐츠 때문에 편향된 생각을 갖게 되는 현상을 '필터 버블'이라고 해. 사용자의 생각이 거품, 즉 버블 안에 갇히게 된다는 뜻이야. 필터 버블에 갇히면 나와 비슷한 생각만 받아들이고, 다른 의견은 듣지 않아서 세상을 보는 시야가 한쪽으로 쏠릴 위험이 있어. 사실 전문가들은 오래전부터 추천 콘텐츠로 생길 수 있는 부작용을 지적해 왔어. '이집트'라는 단어를 구글에 검색하면 사용자의 검색 기록과 관심사에 따라 어떤 사람에겐 피라미드가, 어떤 사람에겐 이집트의 정치 항쟁이 검색돼. 선거 후보자를 검색했을 때 부정적인 뉴스를 긍정적인 뉴스보다 먼저 접하게 되면, 실제로 그 후보를 투표하지 않을 가능성이 높다는 연구도 있어. 인공 지능의 추천 기능이 생각의 다양성을 해칠 수 있는 거야.

 이런 문제를 해결하기 위해 인공 지능 서비스는 늘 보던 콘텐츠가 아닌 새로운 콘텐츠를 추천하고 있어. 음악 추천 서비스 스포티파이는 "색다른 시도를 해 볼까요?"라며 늘 듣던 음악 대신 새로운 음악을 추

천하고, 시작 화면에 알고리즘이 반영된 맞춤형 뉴스를 제공하던 네이버는 인공 지능 서비스를 중단하고, 사용자가 직접 언론사를 선택할 수 있도록 뉴스의 시작 화면을 바꾸기도 했어. 인공 지능이 보여 주는 익숙한 세상에서 벗어나 생각의 버블을 터트릴 수 있는 서비스를 마련한 거야.

음식을 먹을 때도 편식을 하지 않아야 몸에 좋은 영양소를 고루 섭취할 수 있잖아? 콘텐츠도 마찬가지야. 다양한 관점을 지닌 콘텐츠를 접해 봐야 균형 잡힌 시각을 가질 수 있어.

나가는 글

인공 지능 스피커에게 "심심해."라고 말을 걸면 "재미있는 이야기 들려줄까?"라는 대답이 들려와. 이 짧은 대화를 위해 얼마나 많은 학자들이 인공 지능 연구에 뛰어들고 있는지 혹시 알고 있니?

먼저 대화의 맥락을 잘 읽어 내는 기술을 연구하는 언어학자의 손길이 필요해. 유쾌한 대답을 설계하는 심리학자의 역할도 중요하지. 나쁜 말을 하지 않는 착한 인공 지능을 개발하기 위해선 윤리학자의 전문 지식이 필요해. 이렇듯 인공 지능은 수학과 코딩 기술 외에도 사회, 문화, 예술 등 많은 분야와 연결되어, 이제껏 경험하지 못했던 새로운 미래를 향해 성큼성큼 나아가고 있어. 그러니 이 책을 읽는 친구들도 인공 지능이 너무 먼 이야기라고 생각하지 않았으면 해. 인공 지능 분야에 다양한 사람이 모여들수록 인공 지능은 더욱 똑똑하고 인간 친화적인 기술로 발전할 거거든.

책 한 권이 완성되는 데는 많은 분의 도움이 필요하다는 걸 다시금 깨달았어. 특히 이 책은 여러 분야에서 활약하는 인공 지능을 다루고 있기 때문에 학교, 기업, 연구소에 걸친 다양한 전문가의 조언을 받았어. 책을 감수해 준 이주민 교수를 포함해, 인공 지능 개발자 이준관 님, 윤종화 님, 인공 지능 서비스를 기획하는 정영조 님, 로봇 사업에 종사하시는 노영준 님. 인공 지능 법률 서비스를 개발하는 임영익 변호사 등 많은 분의 도움을 받았어. 그리고 김진선 님과 백지혜 님은 인공 지능 이야기가 친근하게 전달될 수 있도록 많은 의견을 주셨어.

무엇보다 책이 완성되는 긴 여정을 함께하며, 글을 톺아봐 주신 현암주니어의 황정원 편집장과 박단비 편집자, 그리고 환상적인 일러스트를 그려 주신 이주미 작가께 이 자리를 빌려 다시금 감사의 말씀을 전해 드리고 싶어.

참고한 자료

참고한 책

- 《기계는 어떻게 생각하는가?》 숀 게리시, 이수겸 옮김, 이지스퍼블리싱, 2019
- 《브레인 이미테이션》, 이주완, 제이펍, 2019
- 《사람과 로봇 간의 상호 작용(로봇 기초와 트렌드)》, 안드레아 토마스 외 2인, 나우 출판사, 2016
- 《세상을 읽는 커다란 눈 알고리즘》, 플로랑스 피노, 허린 옮김, 다림, 2019
- 《인공 지능 콘텐츠 혁명》, 고찬수, 한빛미디어, 2018
- 《인공 지능 70》, 미야케 요이치로, 모리카와 유키히토, 김완섭 옮김, 제이펍, 2017
- 《프레디쿠스》, 임영익, 클라우드나인, 2019
- 《AI 마인드》, 마틴 포드, 김대영 외 4인 옮김, 터닝포인트, 2019

참고한 논문과 기사

- 〈감성 컴퓨팅〉, 로잘린드 피카드, MIT 인지컴퓨팅 보고서 321호, 1995
- 〈도덕적 기계 실험〉, 에드먼드 아와드 외 7인, 네이쳐 563호, 2018
- 〈선거의 결과에 검색 엔진이 미치는 영향〉, 로버트 엡스타인, 국립과학학회지, 2015
- 〈일자리의 미래 보고서 2020〉, 세계경제포럼, 2020

- '인공 지능서 미래 보는 빅파마… "신약 개발 바늘 구멍 뚫는다", 이효인, 메디코파마뉴스, 2월 1일 기사, 2021
- 원조 AI 헬스 케어 IBM '왓슨 헬스'… 이대로 무너지나, 박혜섭, AI 타임즈 2월 26일 기사, 2021

참고한 인터넷 페이지

- 디지털 농업으로 인한 농부들의 삶의 변화, 마이클 로버트슨, https://bit.ly/3QeW8d3
- 달리기, 등산, 춤을 출 수 있는 새로운 의족, 휴 허, https://bit.ly/3X24iaX
- 스파이스 식당은 다니엘 불뤼를 어떻게 만났나, 포브스, 2019, https://bit.ly/3ifddqT
- 웨이모의 도로 주행 안전 성능 데이터, 매튜 스왈 외 4인, 코넬대학교 로보틱스 연구소, 2020, https://bit.ly/3Qra0Bp

그림·사진 출처

- 45p 에드몽드 벨라미 ⓒ 크리스티 경매소
- 52p 박물관에 전시된 일렉트로와 반려 로봇 스파코 ⓒ Wikimedia Commoms
- 67p 길가에 설치된 네프론 ⓒ 수퍼빈
- 71p 무인 매장 언커먼 스토어의 모습 ⓒ 손종희

유튜브부터 자율 주행까지, 인공 지능의 모든 것
우리 주변의 인공 지능

초판 1쇄 발행 | 2023년 1월 20일
초판 4쇄 발행 | 2023년 11월 25일

글쓴이 | 손종희
그린이 | 이주미
감수 | 이주민

펴낸이 | 조미현
책임편집 | 황정원
편집진행 | 박단비
디자인 | 씨오디 Color of Dream

펴낸곳 | (주)현암사
등록일 | 1951년 12월 24일 · 제10-126호
주소 | 04029 서울시 마포구 동교로12안길 35
전화 | 02-365-5051 · 팩스 | 02-313-2729
전자우편 | child@hyeonamsa.com
홈페이지 | www.hyeonamsa.com
블로그 | blog.naver.com/hyeonamsa
인스타그램 | www.instagram.com/hyeonam_junior

ⓒ 손종희, 이주미 2023
ISBN 978-89-323-7584-7 73550

* 이 책은 저작권법에 따라 보호를 받는 저작물이므로 저작권자와 출판사의 허락 없이
  이 책의 내용을 복제하거나 다른 용도로 쓸 수 없습니다.
* 책값은 뒤표지에 있습니다. 잘못된 책은 바꾸어 드립니다.
* 현암주니어는 (주)현암사의 아동 브랜드입니다.

KC	제조명 도서	전화 02-365-5051
	제조년월 2023년 11월	제조국명 대한민국
	제조자명 (주)현암사	사용연령 9세 이상
	주소 서울시 마포구 동교로12안길 35	
주의사항 책 모서리에 부딪히거나 종이에 베이지 않도록 주의해 주세요.		
*KC마크는 이 제품이 공통안전기준에 적합하였음을 의미합니다.